Falsificação de Moeda, Títulos Equiparados e Cartão de Crédito

Falsificação de Moeda, Títulos Equiparados e Cartão de Crédito

2020

António Manuel de Almeida Costa

ALMEDINA

FALSIFICAÇÃO DE MOEDA, TÍTULOS EQUIPARADOS E CARTÃO DE CRÉDITO

AUTOR
António Manuel de Almeida Costa

EDITOR
EDIÇÕES ALMEDINA, S.A.
Rua Fernandes Tomás, nºs 76, 78 e 80
3000-167 Coimbra
Tel.: 239 851 904 · Fax: 239 851 901
www.almedina.net · editora@almedina.net

DESIGN DE CAPA
FBA.

PRÉ-IMPRESSÃO
EDIÇÕES ALMEDINA, S.A.

IMPRESSÃO E ACABAMENTO
DPS - Digital Printing Services
Março, 2020

DEPÓSITO LEGAL
468258/20

ALMEDINA | GRUPOALMEDINA

BIBLIOTECA NACIONAL DE PORTUGAL – CATALOGAÇÃO NA PUBLICAÇÃO

COSTA, António Manuel de Almeida

Falsificação de moeda, títulos equiparados
e cartão de crédito. – (Monografias)
ISBN 978-972-40-8375-9

CDU 343

Estudo dedicado ao
Senhor Dr. José Gabriel Queiró

ÍNDICE

APRESENTAÇÃO

À semelhança do livro "A Burla no Código Penal Português", recentemente dado à estampa pelo Grupo Almedina, também este texto foi elaborado com vista a uma nova edição do Tomo II do Comentário Conimbricense do Código Penal. A sua publicação autónoma funda-se em idênticas razões. A demora na conclusão daquela obra colectiva, associada às alterações legislativas observadas no âmbito da matéria e à mudança das posições defendidas pelo signatário a propósito de pontos relevantes da disciplina dos crimes em apreço justificam a presente iniciativa, que contou, mais uma vez, com a concordância do Senhor Professor Doutor Jorge de Figueiredo Dias, enquanto director do assinalado Comentário Conimbricense.

Além de analisar o direito vigente (considerando as revisões da lei entretanto ocorridas) e de expor as divergências no confronto com as opiniões anteriormente adoptadas, o escrito contempla uma actualização da bibliografia nacional e estrangeira sobre os diferentes temas abordados. De resto, segue uma linha de continuidade com o Comentário Conimbricense, remetendo para as anotações do mesmo sempre que estejam em causa outros preceitos que se relacionem com as matérias tratadas.

Coimbra, 15 de janeiro de 2020

António Manuel de Almeida Costa

LISTA DE SIGLAS E ABREVIATURAS

Actas 1979 – Actas da Comissão Revisora do Código Penal (Parte Especial), separata do BMJ, 1979.
Actas 1993 – Código Penal. Actas e Projecto da Comissão de Revisão, Ministério da Justiça, 1993.
BGH – Bundesgerichtshof.
BGHSt – Entscheidungen des Bundesgerichtshofs in Strafsachen.
BFDC – Boletim da Faculdade de Direito de Coimbra.
BMJ – Boletim do Ministério da Justiça.
CCivil – Código Civil.
CJ – Colectânea de Jurisprudência.
Com. Conimb. CP – Comentário Conimbricense do Código Penal (Dirigido por J. Figueiredo Dias).
CP – Código Penal.
CPP – Código de Processo Penal.
CRP – Constituição da República Portuguesa.
E. Correia I/II – Eduardo Correia, Direito Criminal I/II.
FG – Festgabe.
Figueiredo Dias PG I – Jorge de Figueiredo Dias, Direito Penal. Parte Geral, Tomo I.
Fischer – Th. Fischer, Strafgesetzbuch mit Nebengesetze.
Frank, StGB – R. Frank, Das Strafgesetzbuch für das Deutsche Reich nebst dem Einführungsgesetze.
FS – Festschrift.
GA – Goltdammer's Archiv für Strafrecht.

JA – Juristische Arbeitsblätter.
JESCHECK/WEIGEND – H.-H. Jescheck/Th. Weigend, Lehrbuch des Strafrechts. Allgemeiner Teil.
Jornadas 1983 – Centro de Estudos Judiciários. Jornadas de Direito Criminal. O Novo Código Penal Português e Legislação Complementar. Fase I, 1983.
JR – Juristische Rundschau.
JRel – Jurisprudência das Relações.
Jura – Juristische Ausbildung.
JuS – Juristische Schulung.
JZ – Juristenzeitung.
KINDHÄUSER, StGB – U. Kindhäuser, Strafgesetzbuch. Lehr- und Praxiskommentar.
LACKNER/KÜHL – K. Lackner/Ch. Kühl, Strafgesetzbuch mit Erläuterungen.
LEAL-HENRIQUES/SIMAS SANTOS – M. Leal-Henriques/M. Simas Santos, Código Penal Anotado.
LK – Strafgesetzbuch. Leipziger Kommentar. Großkommentar.
MAIA GONÇALVES – M. Maia Gonçalves, Código Penal Português Anotado e Comentado. Legislação Complementar.
M/S/MAIWALD BT – R. Maurach/F.-Ch. Schröder/M. Maiwald, Strafrecht. Besonderer Teil.
MDR – Monatsschrift für Deutsches Recht.
MEZGER, BT – E. Mezger, Strafrecht. Ein Studienbuch. Besonderer Teil.
MK – Münchener Kommentar zum Strafgesetzbuch.
NJW – Neue Juristische Wochenschrift.
NK – Strafgesetzbuch. Nomos Kommentar.
NStZ – Neue Zeitschrift für Strafrecht.
OSÓRIO – L. Osório, Notas ao Código Penal Português.
OTTO, Grundkurs. BT – H. Otto, Grundkurs Strafrecht. Die einzelnen Delikte.
PINTO DE ALBUQUERQUE, Com. CP – P. Pinto de Albuquerque, Comentário do Código Penal.
ProjPE de 1966 – Projecto da Parte Especial do Código Penal de 1966.
RDES – Revista de Direito e de Estudos Sociais.
RFDL – Revista da Faculdade de Direito de Lisboa.
RGSt – Entscheidungen des Reichsgerichts in Strafsachen
RJ – Revista Jurídica (AAFDL).

RLJ – Revista de Legislação e de Jurisprudência.
ROA – Revista da Ordem dos Advogados.
Roxin I/II – C. Roxin, Strafrecht. Allgemeiner Teil, Band I/II.
RPCC – Revista Portuguesa de Ciência Criminal.
Sá Pereira / Lafayette – Victor de Sá Pereira/Alexandre Lafayette, Código Penal Anotado e Comentado.
SJ – Scientia Ivridica.
SK – Systematischer Kommentar zum Strafgesetzbuch.
S./S./... – A. Schönke/H. Schröder/et al., Strafgesetzbuch. Kommentar.
SchwZ – Schweizerische Zeitschrift für Strafrecht/Revue de Droit Pénal Suisse.
StGB – Strafgesetzbuch.
STJ – Supremo Tribunal de Justiça.
StPO – Strafprozeßordnung.
TC – Tribunal Constitucional.
TR... – Tribunal da Relação de ....
ZStW – Zeitschrift für die gesamte Strafrechtswissenschaft.

INTRODUÇÃO

§ 1 O presente estudo tem por objecto os delitos de falsificação de moeda, títulos equiparados a moeda e cartão de garantia ou de crédito (arts. 262º a 267º do CP). A técnica legislativa adoptada pelo nosso direito positivo, consistente em fazer do regime jurídico da primeira das infracções o referente nuclear da disciplina das restantes, justifica que a presente Introdução se restrinja a alguns problemas fundamentais comuns aos vários crimes de moeda falsa consagrados no CP. Por razões de clareza expositiva, remete-se a análise das especificidades relativas à falsificação de títulos equiparados a moeda e de cartão de garantia ou de crédito (art. 267º) para o correspondente capítulo (infra Cap. VI). Dentro do universo temático fixado, abordam-se, de seguida, as questões do **conceito de moeda**, do **bem jurídico** e, por fim, da **estrutura** a que obedece a tutela penal neste domínio.

A. Conceito de moeda

§ 2 Falar de crimes de moeda falsa, em qualquer das suas modalidades (contrafacção, alteração/transformação, aquisição, depreciação, passagem e colocação em circulação – infra C.), implica, como pressuposto indispensável da delimitação do âmbito da incriminação, a definição do que deve entender-se por **moeda** para efeitos jurídico-penais. De acordo com um critério funcional – que atende às suas virtualidades de "unidade de conta", "meio de pagamento" e "reserva de valor" –, a ciência económica tende a definir moeda como *todo o meio geral e definitivo de pagamentos* *expresso numa unidade de conta.* Colocando a tónica no poder liberatório *geral* e *imediato*, que a caracteriza em face de outros meios de aquisição de bens, o conceito "económico" de moeda abrange, pois, a *moeda metálica* (nas espécies de moeda de trocos ou divisionária e moeda-mercadoria), a *moeda de papel* (nas modalidades de moeda representativa, moeda fiduciária e papel-moeda) e a *moeda bancária* ou *escritural* (= "circulação de depósitos" mediante uso de cheque ou ordem de transferência) – categorias a que modernamente se associam, sob o qualificativo de *quase-moeda* (*near-money*), alguns produtos financeiros (*v. g.*, depósitos a prazo até um ano ou com pré-aviso, bilhetes do tesouro e outros títulos de crédito até um ano), que, embora constituam activos não-monetários, gozam de liquidez a muito curto prazo, participando de um valor nominal fixo e de uma aceitabilidade geral que os aproximam da moeda (sobre estes pontos, D. H. ROBERTSON, *Money* 1948 2 ss., TEIXEIRA RIBEIRO, *Economia política* (Parte II – Moeda e crédito), polic., 1962-63 3-10 e 17-25, D. G. LUCKETT, *Money and banking*[3] 1984 P. 6 Ch. 14, AVELÃS NUNES, *Economia* I (Moeda), polic., 1994 21-24 e 39-49, F. S. MISHKIN, *The economics of money, banking and financial markets*[12] 2018 P. I Ch. 3).

§ 3 Não é tão amplo o conceito de moeda subjacente aos arts. 262º a 266º. Desde logo, a existência de uma incriminação autónoma para a falsificação de títulos de crédito (art. 267º) parece excluir do âmbito daqueles preceitos a categoria da quase-moeda. E o mesmo se diga da chamada moeda bancária ou escritural: ao consistir na própria "circulação de depósitos" – mais não constituindo o cheque e a ordem de transferência do que mecanismos através dos quais se desencadeia tal processo –, também ela não se mostra, pela natureza das coisas, susceptível de figurar como objecto dos delitos de moeda falsa previstos no código. Aliás, quaisquer actividades fraudulentas relativas a cheques ou ordens de transferência (realidades que, repita-se, não se confundem com a moeda escritural, *i. e.*, com o processo de "compensação" inter-bancária de créditos e débitos a que esta se resume) apresentam-se recondutíveis a outras incriminações (*v. g.*, burla, falsificação de documento ou emissão de cheque sem provisão).

§ 4 Atenta a teleologia a lei, concretizada na configuração atribuída aos arts. 262º a 266º, o **conceito de moeda jurídico-penalmente**

relevante abrange a moeda metálica e a moeda de papel. A este propósito, cumpre, todavia, fazer algumas precisões. Quanto à moeda metálica, a prática corrente na generalidade dos países (e, assim, no nosso) demonstra que o respectivo valor monetário supera, em muito, o do metal nela incorporado. Embora não esteja excluída a criação de "moeda-mercadoria", a moeda metálica tende, por razões que se prendem com a flutuação do valor do metal (via de regra, ouro ou prata) e os seus reflexos na massa monetária em circulação (cf. TEIXEIRA RIBEIRO, cit. 50 ss.), a integrar hoje, tão-só, moeda divisionária ou de trocos (categoria que abrange, além da moeda metálica corrente, as chamadas "moedas comemorativas"). Tal circunstância retira, em larga medida, alcance prático à incriminação da "depreciação" de moeda metálica, constante do art. 263º-1. Por outro lado, no tocante à moeda de papel, a institucionalização do seu "curso forçado", *i. e.*, da respectiva inconvertibilidade em ouro, aliada ao facto de não possuir, na actualidade, qualquer relação com as reservas daquele metal detidas pela entidade emissora, faz com que ela haja perdido o carácter de título de crédito (que ainda possuía na veste de "moeda representativa" e de "moeda fiduciária"), assumindo a natureza de *papel-moeda* e, assim, a exclusiva índole de "meio de pagamento".

§ 5 Em função do exposto, na linha da doutrina já consagrada pelo art. 2º da *Convenção Internacional para a Repressão da Moeda Falsa* (concluída em Genebra a 20.IV.1929 e ratificada pelo Estado Português a 30.VII.1930 – cf. *DG* de 20.X.1930), no âmbito do direito penal considera-se moeda **todo o meio geral e definitivo de pagamentos que goza de *curso legal*,** quer dizer, a que o Estado ou outra entidade por ele autorizada confere capacidade liberatória universal imediata e, portanto, salvo convenção das partes em contrário, não pode ser recusado na aquisição de bens e serviços ou no cumprimento de quaisquer dívidas. Numa primeira aproximação, desde que o meio de pagamento satisfaça semelhantes requisitos, está-se em face de moeda para efeitos jurídico-criminais, com indiferença da matéria-prima que lhe serve de suporte. A tal propósito, já antes da introdução do "euro" (verificada em 2002 – cf. art. 16 do *Estatuto do Banco Central Europeu*), a moeda com curso legal assumia, no nosso país, a natureza de moeda metálica (na modalidade de moeda divisionária ou de trocos, aí incluídas as denominadas "moedas comemorativas" – DL 293/86, de 12.IX, arts. 1º, 2º ss. e 8º ss.) e de papel-moeda (notas do Banco de Portugal, das quais já não constava qualquer referência ao padrão-ouro – art. 6º ss. da *Lei Orgânica do Banco de Portugal* (*Lei Org. B.P.*), aprovada pelo DL 337/90, de 30.X, e modificada pelo DL 231/95, de 12.IX). Enquanto a emissão da primeira competia ao Estado "por intermédio e sob requisição do Banco de Portugal" (DL 293/86, arts. 5º e esp. 12º e 13º, e *Lei Org. B.P.*, arts. 6º e 7º-3), a do segundo encontrava-se atribuída a esta última entidade (*Lei Org. B.P.*, art. 6º-1). Por outro lado, ao contrário do papel-moeda, que usufruía de poder liberatório *ilimitado*, a moeda metálica apenas tinha poder liberatório *limitado* (DL 293/86, art. 7º-2, e *Lei Org. B.P.*, art. 6º-2).

Com a entrada em vigor da nova moeda europeia ("euro"), os processos atrás descritos sofreram importantes modificações. A este respeito, o art. 16 do *Estatuto do Banco Central Europeu* determina que o "Conselho de Governadores" detém competência exclusiva para autorizar a emissão de papel-moeda dentro do espaço comunitário. Tal emissão cabe ao Banco Central Europeu e/ou aos bancos centrais dos Estados membros.

§ 6 Embora comportem uma primeira demarcação em face do seu congénere **económico**, as considerações dos parágrafos precedentes não fornecem, ainda, uma resposta a todos os problemas que se colocam à definição do conceito **jurídico** de moeda. De acordo com a posição largamente maioritária na doutrina e na jurisprudência penais, considera-se legítima a moeda que, produzida pelas entidades competentes, se destina a vigorar como meio de pagamento com curso legal. Trata-se de uma concepção que se implantou de forma aproblemática e incontrovertida na ordem jurídica portuguesa e, no universo germânico, remonta a um acórdão proferido, em 1924, pelo *Reichsgericht* (*RGSt* 58 256). Num tal conceito de **moeda legítima** cabe, pois, toda a moeda produzida segundo os trâmites estabelecidos na lei, com indiferença para o facto de estar retida nos cofres e tesourarias do Banco Central ou, pelo contrário, se encontrar em circulação (no sentido exposto, se bem que implicitamente, Beleza dos Santos, *RLJ* 64º 16 ss. e, na literatura alemã, Lackner / / Kühl[28] § 146 2, Stein, *SK*[9] § 146 2 ss., e Fischer[66] § 146 2).

§ 7 Semelhante perspectiva já foi, todavia, posta em causa. Na verdade, desde a decisão que desencadeia o fabrico da moeda até à sua entrada em circulação ocorre um longo **processo**, que, *grosso modo*, pode sintetizar-se nas seguintes fases: ordem de cunhagem da moeda metálica ou de impressão do papel-moeda; fabrico das referidas espécies monetárias e posterior envio à entidade emissora; por fim, "emissão" ou "entrada em circulação" da moeda, facto que coincide com a respectiva entrega a terceiros e, assim, com a sua saída do âmbito daquela última.

Ora, em termos **jurídico-financeiros**, *só a moeda emitida* responsabiliza o banco central e, nessa medida, integra *moeda legítima*. Dito de outro modo: *do estrito ponto de vista jurídico-financeiro*, toda a moeda existente no banco central *não* constitui, em rigor, "dinheiro". O que se afirma aplica-se, tanto a espécies monetárias "novas", que nunca entraram em circulação, como às que, havendo circulado, por qualquer motivo regressaram aos cofres e tesourarias do banco central. Quanto às últimas, aquele banco procede, inclusive, ao respectivo abate contabilístico *diário* por referência à massa monetária em circulação, obedecendo a sua reentrada no tráfego aos mesmos critérios de política económica que presidem a qualquer emissão de moeda "nova".

Posto isto, coloca-se a questão de saber se esta perspectiva jurídico-financeira, que faz da "emissão" um elemento constitutivo do próprio conceito de moeda (legítima), se adequa à teleologia do direito penal e, muito particularmente, ao espírito e às intenções político-criminais que subjazem aos tipos de moeda falsa previstos no Código. No quadro de um regime legal análogo ao que vigora entre nós, em sentido afirmativo pronunciam-se alguns autores germânicos (G. PROST, *Lange–FS* 1976 419 ss., ERB, *MK*[3] § 146 3, W. GEISLER, *NJW* 1978 708-9 e *GA* 1981 497 – com a diferença de este último eleger a mera "publicidade da emissão" como elemento constitutivo do conceito jurídico de moeda; concordando com o último, S / S / STERNBERG-LIEBEN[30] § 146 2). À primeira vista, a perspectiva em apreço – sobretudo na formulação de PROST – parece assentar numa lógica irrepreensível: ao banco central encontra-se atribuída a competência *exclusiva* para colocar moeda em circulação, operação que, por seu turno, obedece a estritos critérios de política económico-financeira; se a moeda permanece nos cofres de tal banco é porque não se verificaram, ainda, os pressupostos económico-financeiros que, no entender da única entidade competente, fundamentam ou "legitimam" a respectiva entrada em circulação; antes deste momento, a moeda existente no banco central não integra, por isso, moeda *legítima, i. e.*, "dinheiro", consubstanciando mero papel impresso (no caso das notas) ou metal cunhado (na hipótese das moedas metálicas), cujo valor se resume ao da matéria-prima e do trabalho incorporados no correspondente fabrico. Tudo para concluir, em síntese, que, no âmbito do direito penal, vigoraria o conceito jurídico-financeiro de moeda e, portanto, moeda *legítima* seria, tão-só, a moeda regularmente emitida (ou posta em circulação) pelo banco central (PROST, cit. 422-3).

Por referência à concepção exposta, GEISLER opera um alargamento do mencionado conceito jurídico-financeiro, também considerando legítima a moeda que ainda não entrou em circulação, mas relativamente à qual se verificou a "publicidade" da sua futura emissão. O autor justifica a posição com base no bem jurídico dos crimes de moeda falsa, que reconduz à ideia da "confiança" do público na segurança e na funcionalidade do tráfego monetário (GEISLER, *GA* 1981 504, 506 e 513-4). Dado que tal "confiança" seria *de idêntico modo* afectada, tanto no caso de se tratar de "moeda em circulação", como no de a correspondente emissão se encontrar anunciada, as duas situações deveriam receber o mesmo tratamento pelo direito penal. Desta forma, embora partindo da aludida perspectiva jurídico-financeira, GEISLER chega, não apenas a um conceito jurídico-*criminal* de moeda, mas a um conceito jurídico-criminal de moeda assente na específica teleologia dos delitos de moeda falsa. Assim, integraria moeda tudo aquilo cuja falsificação atentasse contra o bem jurídico dos crimes de moeda falsa, *i. e.*, a confiança no tráfego monetário – o que, em seu entender, só ocorreria quando estivesse em causa moeda já emitida ou cuja emissão tivesse sido anunciada. A estas duas hipóteses se resumiria o conteúdo da noção jurídico-penal de moeda, domínio de que GEISLER apenas exclui a moeda regularmente emitida mas entretanto caída em "desuso", com base no argumento de que, por esse mesmo motivo, a sua falsificação não afecta a confiança do público no tráfego monetário (GEISLER, *GA* 1981 503-10 e 510-17).

Semelhante concepção não se afigura procedente. Em primeiro lugar, e como se verá adiante, não parece sustentável a recondução do bem jurídico dos crimes de moeda falsa à confiança do público no tráfego monetário (infra B. § 14). Depois, em último termo, a presente tese acaba por derivar os conceitos de moeda e de tráfego monetário de um critério tão fluido como o do senso comum, não fornecendo uma base segura para toda a elaboração dogmática. Por fim, e ainda que se aceitasse a aludida compreensão do bem jurídico, não se percebe o motivo por que GEISLER restringe a noção de moeda legítima à moeda em circulação ou cuja entrada em circulação já se encontre anunciada. A falsificação de moeda existente no Banco Central, cuja emissão ainda não haja sido publicitada, parece susceptível de afectar, de idêntico modo, a confiança no tráfego monetário; circunstância que, de acordo com a perspectiva em apreço, pareceria impor a sua inclusão no mencionado conceito jurídico-penal de moeda.

Pelas razões indicadas, a posição de GEISLER não se mostra merecedora de adesão. Como se verá adiante, também o presente comentário aponta no sentido da consagração de um específico conceito jurídico-criminal de moeda, mas de conteúdo diverso do atrás descrito. A adopção de semelhante via radica na inadequação da perspectiva jurídico-financeira de moeda, à luz da particular teleologia do direito penal.

§ 8 A **insuficiência do conceito jurídico-financeiro de moeda** para servir de base ao funcionamento da justiça penal não se manifesta só na órbita dos crimes de moeda falsa, repercutindo-se, igualmente, ao nível do tipo legal do furto. O que se afirma torna-se evidente no contexto do exemplo avançado por PROST (cit. 422-3) para concretizar as consequências práticas da doutrina. Refere-se, a tal propósito, o caso do assalto a uma dependência do banco central (ou a um dos seus veículos de transporte de valores) em que o agente se apropria de moeda. No presente contexto, não estaria em jogo moeda legítima, mas simples papel impresso e/ou metal cunhado. Contudo, a generalidade das pessoas não se encontra familiarizada com a noção jurídico-financeira de moeda e, assim, considera moeda legítima aquela que se encontra no banco central. Em conformidade, deparar-se-ia com uma hipótese de "erro sobre o objecto", *não* se observando uma identidade típica entre os crimes projectado e consumado. De harmonia com a orientação dominante, tal situação deveria punir-se nos quadros do concurso real da *tentativa* do crime projectado (= furto de moeda *legítima*) com o(s) crime(s) consumado(s) (= furto de papel e/ou metal + aquisição e eventual posterior colocação em circulação de moeda *ilegítima*) a título de *negligência* (neste sentido, por todos, FIGUEIREDO DIAS, *PG* I^3, 13º Cap. § 29 s.). À luz da legislação portuguesa (neste ponto análoga à germânica), a impunidade dos delitos de furto (art. 203º ss.) e de aquisição ou colocação em circulação de moeda falsa (arts. 266º e 265º) *quando praticados com negligência* significaria, porém, que o agente do furto de moeda detida pelo banco central (qualquer que fosse o respectivo montante) só poderia punir-se com base numa *tentativa impossível* (por "inexistência de objecto") *de furto qualificado* (art. 23º-3, conjugado com a al. *a)* do nº 1 e a al. *a)* do nº 2 do art. 204º; de modo análogo, no quadro da legislação penal alemã, PROST, cit. 426).

Sem dúvida que, atenta a configuração do direito positivo português, o regime geral do erro sobre o objecto não teria, em princípio, lugar se a conduta preenchesse as circunstâncias enunciadas nas als. *b), e), f)* e *g)* do nº 1 ou nas als. *e), f)* e *g)* do nº 2 do art. 204º. Em qualquer desses casos, encontrar-se-iam recolhidos os pressupostos para a punição do agente pela prática de um crime de furto qualificado *consumado*, observando-se a consunção da disciplina relativa ao erro sobre a natureza da moeda furtada, em sintonia aliás com a teleologia do nº 3 do art. 204º

O que vem de assinalar-se comportaria, apenas, uma excepção, decorrente da conjugação do disposto nos arts. 204º-4 e 202º, al. *c)*. Daí deriva a exclusão do âmbito do tipo legal do furto qualificado de todas as situações em que o valor da coisa furtada não exceda uma unidade de conta. Independentemente de se verificarem as circunstâncias descritas no art. 204º, o comportamento integraria, nesse caso, um mero furto simples (art. 203º) – o que, no quadro da aludida hipótese do assalto ao banco central, tornaria a convocar o regime geral do erro sobre o objecto. Posto isto, refira-se, por exemplo, que, situando-se o custo de fabrico de uma nota de cem euros numa quantia inferior a dez cêntimos, o furto de seiscentas daquelas notas existentes no banco central, correspondentes a um montante facial de sessenta mil euros, apenas se afiguraria punível, dentro da lógica exposta, a título de tentativa impossível de furto qualificado.

Vale por dizer, em síntese, que, atenta a configuração do direito positivo português, a adopção do conceito jurídico-financeiro de moeda leva implicada, no tocante ao furto de moeda existente no banco central, a consagração de três alternativas de solução, consoante as características do caso concreto:

- punição da conduta como um crime de furto qualificado *consumado*, na hipótese de se encontrar preenchida uma das circunstâncias previstas nas als. *b), e), f)* e *g)* do nº 1 ou nas als. *e), f)* e *g)* do nº 2 do art. 204º, desde que o custo de fabrico da moeda furtada ultrapasse uma unidade de conta, nos termos dos arts. 204º-4 e 202º, al. *c)*;

- aplicação do regime geral do erro sobre o objecto estabelecido para os casos em que não se observe identidade típica entre os delitos projectado e consumado, com a subsequente punição do agente a título de *tentativa* (inidónea ou impossível) de furto qualificado, quando, embora se verifique uma das circunstâncias das als. *b)*, *e)*, *f)* e *g)* do nº 1 ou das als. *e)*, *f)* e *g)* do nº 2 do art. 204º, o custo de fabrico da moeda furtada *não* exceda uma unidade de conta;
- por fim, aplicação da mesma disciplina do ítem anterior, *mas com indiferença para o montante global do custo de fabrico da moeda furtada*, no caso – de difícil verificação, reconhece-se – de o furto ao banco central não preencher nenhuma das circunstâncias dos nºs 1 e 2 do art. 204º, acima mencionadas.

§ 9 O quadro precedente põe a claro o carácter artificioso e formalista da concepção em análise, que culmina com a autonomização de três diferentes regimes jurídicos para situações cuja distinção não encontra qualquer fundamento do ponto de vista jurídico-criminal. E o cerne de tal vício radica, precisamente, no facto de a construção assentar no aludido conceito *jurídico-financeiro* de moeda, *i. e.*, num conceito definido a partir de critérios normativos em tudo alheios à específica teleologia do direito penal.

Compreende-se, na verdade, que o Estado ou a autoridade competente para superintender em matéria monetária só tenha de responder pela moeda regularmente emitida ou posta em circulação, que assim esgota a noção de moeda do estrito prisma da responsabilidade jurídico-financeira do Estado e/ou do banco central. Daí não deriva, porém, que deva qualificar-se como ilegítima ou falsa a moeda que ainda não tenha sido emitida ou colocada em circulação. Conforme se referiu, estes momentos constituem, apenas, os pontos culminantes de um longo processo, meticulosamente regulado na lei, que se inicia com a ordem de impressão do papel-moeda ou de cunhagem da moeda metálica pela entidade competente. Na medida em que se inscreva num tal processo, a moeda produzida tem, por isso, de considerar-se *legítima*, mesmo que não se encontre ainda em circulação (assim, por todos, S / S / STERNBERG-LIEBEN[30] § 146 2, M / S / MAIWALD *BT* 2[7] § 67 11 ss., LACKNER / KÜHL[28] § 146 2, STEIN, *SK*[9] § 146 2 s., e o próprio PROST, cit. 425-6, que, embora na base de uma argumentação de duvidosa procedência, fala a este propósito de "moeda aparente" (*Scheingeld*), enquanto categoria intermédia entre a moeda falsa e a legítima; contra, qualificando como falsa toda a moeda antes do anúncio da respectiva emissão, GEISLER, *NJW* 1978 708).

De harmonia com o exposto, continua sem dúvida a admitir-se a distinção entre "moeda legítima" detida pelo banco central e moeda "legitimamente posta em circulação" por aquele banco. Contudo, a respeito de ambas verifica-se uma relação de vasos comunicantes: subordinada a um controlo contabilístico diário, a primeira (onde se incluem, tanto moeda nova, como moeda já "circulada") representa uma espécie de "reserva de moeda *legítima*", que, em função de critérios económico-financeiros, a todo o tempo pode ser emitida e, assim, *constitui parte integrante do sistema monetário legal ou oficial*. Por referência a este conceito amplo de moeda, a mencionada noção jurídico-financeira consubstancia uma redução ou restrição normativa, que não encontra justificação sob o prisma da valoração criminal. O que se afirma encontra, de resto, confirmação a propósito do bem jurídico subjacente aos delitos de moeda falsa, que, como se verá adiante, reside na "integridade" ou "intangibilidade" do sistema monetário, *entendido na sua globalidade* (infra B., esp. §§ 15-16).

As considerações precedentes apontam num sentido que se aproxima da posição adoptada pela doutrina tradicional (supra § 6). Tomando como ponto de referência os trâmites estabelecidos na lei para a respectiva produção, parece de considerar legítima a moeda a respeito da qual esteja concluído o correspondente processo material de fabrico e, assim, apresente *todas* as características exigidas para a moeda em circulação (*v. g.*, cunhagem, serrilha, acabamento, etc., na moeda metálica; impressão, marca de água, corte, número de série, etc., no papel-moeda). Cumprido semelhante requisito, depara-se com moeda legítima para efeitos jurídico-criminais, independentemente do facto de ela se encontrar no banco central, num veículo de transporte de valores ou, até, nas próprias instalações da empresa (pública ou privada) a que, nos termos legais, se confiou o seu fabrico. Em qualquer dos casos, na hipótese de furto, uma vez que se trata de moeda legítima, o respectivo valor facial assume relevância com vista às qualificações previstas na al. *a)* do nº 1 e na al. *a)* do nº 2 do art. 204º.

§ 10 Por outro lado, de harmonia com a perspectiva exposta, nenhuma dúvida suscita a questão, em tempos muito discutida na doutrina, da natureza da moeda produzida no local onde se fabrica a moeda legítima – porventura pelas mesmas pessoas e utilizando os mesmos moldes, chapas e matérias-primas –, mas sem a autorização da entidade competente. Faltando esta última, observa-se uma violação do processo a que, nos termos da lei, deve obedecer a produção de moeda, deparando-se por isso com moeda *falsa* ou *ilegítima* (assim, já Beleza dos Santos, *RLJ* 65º 243). Os correspondentes fabrico, passagem, aquisição e colocação em circulação integram, consoante os casos, os tipos legais dos arts. 262º a 266º (infra C.). Analogamente, S / S / Sternberg-Lieben[30] § 146 5, Dreher, *JR* 78 45, Fischer[66] § 146 6, Prost, cit. 427 e Ruß, *LK*[12] § 146 4 ss.

§ 11 Da leitura conjugada dos parágrafos anteriores resulta, em suma, que, **para efeitos jurídico-criminais, se entende por moeda todo o meio geral e definitivo de pagamentos que goza de curso legal** – conceito que, na ordem jurídica portuguesa, abrange a **moeda metálica** (nas espécies da moeda corrente e das "moedas comemorativas") e o **papel-moeda** a partir do momento em que se encontre concluído o correspondente processo material de fabrico, nos termos legalmente consagrados. Semelhante critério permite estabelecer uma primeira delimitação do campo de aplicação dos arts. 262º a 266º. Desde que não esteja em causa um meio de pagamento que preencha aqueles requisitos, a situação não se apresenta integrável em qualquer dos referidos preceitos do CP.

Tomando em consideração os exemplos via de regra assinalados na doutrina, assim acontece quando a conduta se reporte a títulos de crédito e a cartões de garantia ou crédito (hipóteses de resto contempladas numa incriminação autónoma – art. 267º); o que se afirma aplica-se, por motivos óbvios, ao cheque: as actividades fraudulentas que o tenham por objecto cabem, consoante os casos, no âmbito de previsão dos tipos legais da falsificação de documento (art. 256º ss.) ou da emissão de cheque sem provisão (DL 454/91, de 28.XII, na versão da L 66/2015, de 6.VII). Fora da esfera de protecção do art. 262º ss. situam-se, também, quer as moedas e medalhas que detenham mero valor artístico, joalheiro ou coleccionista, quer certos instrumentos que funcionam hoje como meios de pagamento em determinados sectores de actividade (*v. g.*, senhas de transporte, refeição ou combustível; credifones; fichas de jogo; fichas de utilização de máquinas automáticas de tabaco, bebidas ou música) e, de um modo geral, todos os meios de pagamento aceitos, "de facto", na vida corrente, mas que não gozam de curso legal (*i. e.*, a chamada "moeda comercial" – cf. BELEZA DOS SANTOS, *RLJ* 65º 18).

§ 12 Mais do que referirem-se aos específicos "objectos" falsificados, os exemplos do parágrafo anterior pretendem, sobretudo, pôr em evidência a autonomia do sistema monetário legal ou oficial por oposição a cada um dos sectores do comércio jurídico aí apontados (*v. g.*, o comércio jurídico das "moedas de valor artístico, joalheiro ou coleccionista", dos "títulos de crédito" ou dos "cartões de crédito"). Do que se trata é, tão-só, de demarcar, *em abstracto*, o campo de incidência dos crimes de moeda falsa e, nessa medida, de excluir do seu âmbito de tutela outros domínios, diversos do aludido sistema monetário legal ou oficial. Como se verá adiante, perspectivadas *em concreto*, as condutas relacionadas com o fabrico de algumas das "realidades" enunciadas no parágrafo precedente (*v. g.*, "moeda de facto") podem constituir crimes de moeda falsa, desde que, na situação, o produto da falsificação se mostre susceptível de ser confundido, pelo público, com moeda legítima (cf. infra § 17). Vale por dizer, em síntese, que, mais do que influir *directamente* na qualificação jurídico-penal das hipóteses controvertidas, a relevância do conceito de moeda se projecta, acima de tudo, ao nível da definição do "objecto de protecção", *i. e.*, do bem jurídico subjacente aos delitos de moeda falsa previstos no CP. Só em função deste poderão circunscrever-se, com precisão, os contornos dos tipos legais em análise, encontrando-se, por conseguinte, uma base segura para a correspondente elaboração dogmática.

§ 13 Antes de se encetar o estudo do bem jurídico dos crimes em apreço, uma última palavra a propósito da *Convenção Internacional para a Repressão da Moeda Falsa* (supra § 5). Dada a vinculação do Estado Português a esse texto – e, de modo particular, atento o disposto no respectivo art. 5º, que estabelece um princípio de igualdade de tratamento da moeda nacional e estrangeira *independente de qualquer condição de reciprocidade legal ou convencional* –, deverá entender-se que os arts. 262º a 266º se reportam a *toda* a moeda com curso legal, quer este se verifique no território nacional, quer em país estrangeiro. Na redacção originária do CP de 1982, o que vem de assinalar-se encontrava consagração expressa no art. 239º, onde se procedia à definição de moeda para efeitos jurídico-criminais. Semelhante dispositivo foi eliminado pela Reforma de 1995 (DL 48/95, de 15.III), passando o respectivo conteúdo a integrar a al. *d)* do actual art. 255º.

B. Bem jurídico dos crimes de moeda falsa

§ 14 A delimitação do conceito de moeda permite circunscrever, com alguma precisão, o âmbito de aplicação dos arts. 262º a 266º. A cabal determinação dos seus sentido e alcance só se mostra, contudo, possível a partir da concreta definição do bem jurídico que lhes está subjacente. Nele terá de residir o decisivo critério de solução das hipóteses duvidosas e, assim, a matriz de toda a elaboração dogmática no presente domínio.

Na doutrina e na jurisprudência contemporâneas, a demarcação do bem jurídico dos crimes de moeda falsa gravita, isolada ou cumulativamente, em torno de dois vectores essenciais: a "confiança ou fé pública na moeda" e, de outra parte, a "segurança e a funcionalidade (= operacionalidade) do tráfego monetário". A tal propósito, refere-se, por exemplo, que o objecto de protecção dos tipos legais em causa radica a tutela da "confiança ou fé pública na moeda" (Beleza dos Santos, *RLJ* 64º 275-6, 290-1 e 305-7), da "confiança do público na segurança e na funcionalidade do tráfego monetário" (Geisler, *GA* 1981 504, 506 e 513-4), da "segurança e autenticidade do tráfego monetário e da confiança pública neste" (S / S / Sternberg-Lieben[30] § 146 1), da "segurança e credibilidade do tráfego monetário" (Lackner / Kühl[28] § 146 1), ou, ainda, da "segurança e funcionalidade do tráfego monetário nacional e internacional" (Fischer[66], *Vorbem.* § 146 2, Stein, *SK*[9] *Vor* § 146 2, e Ruß, *LK*[12] § 146 2). Sobretudo por influência de Beleza dos Santos, generalizou-se entre nós, de forma quase pacífica, a recondução do bem jurídico à assinalada "confiança ou fé pública na moeda" (Matos Fernandes, *CJ* IX (4) 31, e Leal-Henriques / Simas Santos IV[4] art. 262º 187).

Numa primeira aproximação, cumpre sublinhar que, longe de integrarem entidades independentes, a confiança ou fé pública na moeda e a funcionalidade do tráfego monetário constituem duas facetas de um mesmo fenómeno, que mutuamente se interpenetram e condicionam: se a confiança na moeda leva pressuposto o bom funcionamento do tráfego monetário, pode dizer-se, por outro lado, que o último só se afigura possível quando se verifique (e, nessa medida, leva implicada) a confiança do público em geral na moeda. Mais do que consubstanciarem teses antagónicas, as formulações acima referenciadas apenas reflectem diferentes perspectivas de uma mesma realidade, acabando por expressar, na essência, uma idêntica concepção acerca do bem jurídico dos crimes de moeda falsa. No fundo, todas elas apontam para a sua recondução à ideia da "funcionalidade do tráfego monetário" (contra, mas sem razão, GEISLER, *GA* 1981 503-4).

Semelhante ponto de vista não encontra, todavia, correspondência na regulamentação a que a generalidade das legislações subordina a matéria em análise e, muito particularmente, no direito português. Ninguém poderá afirmar que a contrafacção e subsequente colocação em circulação de uma pequena quantia de moeda falsa afecta a confiança pública ou a funcionalidade do tráfego monetário. Mas também ninguém terá dúvida – até pelo perigo que representam para o património daqueles que, de boa fé, receberem a moeda contrafeita – de que as referidas condutas cabem na previsão do art. 262º ss. do CP e, assim, devem ser punidas. A adoptar-se a orientação atrás assinalada, a conclusão tornar-se-ia, contudo, inaceitável. Aliás, sempre se dirá que só quando se atinjam montantes astronómicos, muito para além dos que, por norma, caracterizam a fenomenologia deste sector da criminalidade, poderá ocorrer uma efectiva lesão da "funcionalidade do tráfego monetário" (no mesmo sentido, se bem que, contraditoriamente, advogando a recondução do bem jurídico à confiança do público no tráfego monetário, GEISLER, *GA* 1981 503-4).

§ 15 Posto isto, importa reconverter a concepção exposta em ordem a retratar o verdadeiro núcleo de protecção dos crimes de moeda falsa e, de outra parte, a encontrar uma base mais adequada para a correspondente elaboração dogmática. É que o bem jurídico em causa parece consistir, muito precisamente, na "pureza ou autenticidade do sistema monetário" ou, dito de modo ainda mais explícito, na **integridade ou intangibilidade do sistema monetário legal *em si mesmo considerado***, enquanto instrumento indispensável para a subsistência e o desenvolvimento das colectividades modernas. A afirmação anterior carece, todavia, de alguma explicitação.

Tal como se encontram estruturadas as sociedades contemporâneas, o sistema monetário constitui o veículo ou *corpus, i. e.*, o "meio ambiente" em que se realizam, consolidam e medem importantes interesses da vida individual e colectiva – aspectos que se estendem, por exemplo, desde o funcionamento geral da economia (este com reflexos na própria independência e segurança do Estado) até às pequenas e grandes transacções comerciais e à mera constituição dos patrimónios privados. Numa primeira aproximação, a tutela do sistema monetário, longe de integrar um fim em si mesmo, representa, pois, um simples "fim-meio", cujo significado se esgota no estabelecimento de uma protecção mediata ou, se se preferir, de uma "guarda avançada" em relação à defesa de outros bens jurídicos fundamentais (*v. g.*, o património, a transparência da actividade económica ou, inclusive, a segurança do Estado – Beleza dos Santos, *RLJ* 64º 274 ss.), que se mostram, por força do seu conteúdo intrínseco, portadores de uma autónoma dignidade penal.

A partir do exposto, atento aquele carácter "instrumental" em relação à protecção de um conjunto indeterminado de bens jurídico-penais, a tutela do sistema monetário pareceria imediatamente vinculada ao cumprimento de objectivos de cariz organizatório e funcional, encontrando o seu lugar privilegiado na órbita do chamado direito de mera-ordenação-social (Eduardo Correia, *BFDC* XLIX 259 ss., e Figueiredo Dias, *Jornadas 1983* 317 ss.). À semelhança do que se observa a respeito de outros "valores-meios", a *fusão íntima* com os bens jurídicos a que serve de suporte motiva, porém, que a correspondente defesa acabe por confundir-se com a própria salvaguarda dos últimos, adquirindo uma genuína relevância jurídico-criminal.

Vistas as coisas de outro ângulo, verifica-se uma situação paralela – mas diversa sob o prisma dogmático e da técnica legislativa – à que ocorre no contexto dos "crimes de perigo". Ao contrário do que se observa no âmbito destes, onde integra uma nota caracterizadora da conduta do agente, o "perigo" converte-se, agora, no elemento fundamentador e constitutivo do próprio bem jurídico (a tal propósito, ainda que circunscrevendo-se ao "direito penal económico", cf. Tiedemann, *Wirtschaftsstrafrecht und Wirtschaftskriminalität* 1976 81 ss., esp. 84-5, e Costa Andrade, "A nova lei dos crimes contra a economia (Dec.-Lei nº 28/84, de 20 de Janeiro) à luz do conceito de bem jurídico", *Direito penal económico* 1985 81-3, 86-91 e esp. 104 n. 64). Dado que a sua tutela se justifica, não por si mesma, mas apenas na veste de protecção mediata e antecipada de outros bens jurídicos, o sistema monetário legal ou oficial representa um "entreposto" ou guarda avançada dos últimos, consubstanciando aquilo que, com propriedade, poderia designar-se de "bem jurídico *instrumental*", "bem jurídico *meio*" ou, até, "bem jurídico *de perigo*". O que se assinala não representa, aliás, um caso isolado, manifestando-se a propósito de todos os bens jurídicos em primeira linha relacionados com a preservação do "sistema" e, de um modo particular, no domínio da tutela penal da esfera da Autoridade Pública. Concretização paradigmática do aludido fenómeno de metamorfose de um valor-meio e, assim, de um "bem jurídico de perigo" num autêntico bem jurídico-criminal pode detectar-se, ainda, no tocante à chamada "autonomia intencional do Estado", enquanto bem jurídico do crime de corrupção (A. M. ALMEIDA COSTA, *Estudos Eduardo Correia* I 132 ss. esp. 141 ss., ID., *Com. Conimb. CP* III art. 372º § 7 ss., e ID., *Ilícito pessoal, imputação objectiva e comparticipação em direito penal* 2014/7 803 ss.).

§ 16 Vale por dizer, em síntese, que a particular relevância social dos valores a que mediatamente serve de suporte e, sobretudo, a relação de inerência ou implicação entre a sua violação e a ofensa dos primeiros condicionam, nos termos referidos, a assunção da "integridade" ou "intangibilidade" do sistema monetário legal como bem jurídico dos crimes de moeda falsa. A esta luz terá de compreender-se o modo como se articulam os vários tipos legais que compõem a presente secção e, em particular, a eleição – hoje pacífica – da "colocação em circulação" de moeda ilegítima como integrando o momento essencial da lesão do bem jurídico (infra C.).

De harmonia com a perspectiva exposta, melhor se entende, agora, a justeza da noção jurídico-criminal de moeda atrás avançada. Estando em causa a tutela do sistema monetário *na sua globalidade*, o conceito de moeda *legítima* há-de abranger, não apenas aquela que se encontra em circulação, mas a moeda a respeito da qual, no contexto dos trâmites legalmente estabelecidos, se tenha concluído o correspondente processo material de fabrico (supra § 9). Ainda que no quadro de uma diferente concepção do bem jurídico, em sentido análogo aponta a doutrina maioritária (por todos, S / S / STERNBERG-LIEBEN[30] § 146 2, LACKNER / KÜHL[28] § 146 2, FISCHER[66] § 146 2, e RUß, *LK*[12] § 146 4-b e 5).

O mesmo se diga no tocante à moeda retirada de circulação pelo banco central, não só durante o prazo fixado para a sua troca por espécies monetárias "novas", em que continua a usufruir de curso legal, como também ao longo do período posterior, em que a moeda já não tem poder liberatório, mas aquele banco se encontra obrigado a recebê-la e a proceder ao respectivo pagamento. Neste último caso, embora não possua curso legal, dado que o banco central está obrigado a convertê-la, a moeda continua a fazer parte do sistema monetário oficial, devendo considerar-se moeda *legítima*. As condutas dirigidas às correspondentes contrafacção ou alteração e, bem assim, às posteriores aquisição, passagem ou colocação em circulação integram, por isso, os tipos legais dos arts. 262º a 266º (em sentido análogo, na órbita de uma legislação idêntica à que vigora entre nós, cf. S / S / STERNBERG-LIEBEN[30] § 146 3, LACKNER / KÜHL[28] § 146 2, HERDEGEN, *LK*[10] § 146 5, HAFKE, *MDR* 76 279 e RUß, *LK*[12] § 146 5; contra, argumentando que, na situação descrita, não se observa a lesão do bem jurídico subjacente aos delitos em apreço, que reconduzem à "confiança pública" e/ou "segurança e funcionalidade do tráfego monetário", cf. BELEZA DOS SANTOS, *RLJ* 65º 114, GEISLER, *GA* 51 5, STEIN, *SK*[9] § 146 5, FISCHER[66] § 146 4 e PUPPE, *NK*[4] *Vorbem.* § 146 8).

Por fim, uma palavra acerca da moeda que, apesar de não haver sido retirada de circulação pela entidade competente, caiu "de facto" em *desuso*. A questão suscita-se, no universo jurídico-penal germânico, a propósito da libra de ouro inglesa (*Goldsovereing*), verificando-se um dissenso entre a jurisprudência do Supremo Tribunal (*Bundesgerichtshof – BGH*) e a generalidade da doutrina. Enquanto a primeira faz depender a cessação da qualidade de moeda de uma decisão expressa da autoridade (*BGHSt* 12 345, 19 357), a segunda atribui relevância ao "desuso", não considerando moeda *legítima*, para efeito dos crimes em análise, aquela que deixou, "de facto", de estar em circulação. A favor da última posição invocam-se duas razões: por um lado, a circunstância de o costume figurar, na ordem jurídico-penal alemã, como fonte de direito e, por outro lado, na base de que o objecto de protecção dos delitos de moeda falsa radica na "confiança pública" e/ou na "funcionalidade do tráfego monetário", a ideia de que a moeda caída em desuso não é conhecida das pessoas e, por isso, a sua falsificação nunca poderá importar a lesão de tal bem jurídico (por todos, STEIN, *SK*[9] § 146 2 e GEISLER, *NJW* 1978 709 e *GA* 1981 504-6 e 506-10; contra, no sentido da jurisprudência do

BGH e da posição aqui defendida, S / S / Sternberg-Lieben[30] § 146 3 e Puppe, *NK*[4] *Vorbem.* § 146 8).

Independentemente da análise crítica dos dois argumentos aduzidos a seu favor – e já se concluiu pela improcedência da concepção do bem jurídico em que assenta –, a tese exposta enferma, desde logo, de uma grave insegurança quanto ao requisito temporal de que depende a afirmação do desuso (Geisler, *GA* 1981 509, refere, a este propósito, um período entre cinco e dez anos). Mas a objecção fundamental reside, antes, na confusão de planos que parece subjazer à presente orientação.

Na verdade, ela aponta, em definitivo, para a assunção do conhecimento do vulgo como critério determinante do conceito de moeda: o seu argumento decisivo consiste – repita-se – na asserção de que a moeda caída em desuso não é moeda (legítima) porque a generalidade das pessoas não a identifica como tal. Ora, adiante se verá que o "senso comum" integra o parâmetro por que se mede o grau de semelhança que a moeda falsificada deve revestir em relação à legítima, enquanto pressuposto da consumação de qualquer dos delitos em apreço (infra § 17). Mas já não se afigura admissível a sua consagração como critério definidor do próprio conceito de moeda *legítima*. Se assim fosse, neste último teria de incluir-se toda a chamada "moeda de facto", conclusão insustentável à luz da teleologia do direito vigente. Aliás, vistas as coisas de outro ângulo, se a moeda caída em desuso não constituísse moeda legítima – *v. g.*, o caso das moedas comemorativas –, os actos de pagamento realizados através dela mostrar-se-iam, também, recondutíveis, pelo menos na forma tentada, ao tipo legal do crime de colocação em circulação de moeda "falsa", solução que se apresentaria, no mínimo, absurda. De modo concordante com a citada jurisprudência maioritária do *BGH*, conclui-se, pois, no sentido de negar relevo ao desuso como factor que retira à moeda o carácter de moeda legítima.

Ao estilo de síntese, em função do que se referiu ao longo da exposição anterior e, muito especialmente, da concepção adoptada quanto ao bem jurídico, considera-se *legítima*, para efeitos penais, toda a moeda *desde* o momento em que, nos termos da lei, terminou o correspondente processo material de fabrico *até* à data-limite estabelecida para a respectiva recepção pelo banco central. O que se afirma releva, não só com vista aos delitos de moeda falsa dos arts. 262º a 266º, mas também no tocante ao furto qualificado, em particular quanto às agravantes previstas nas als. *a)* do nº 1 e *a)* do nº 2 do art. 204º.

§ 17 Da tese defendida acerca do bem jurídico e da recondução da sua violação à **colocação em circulação de moeda ilegítima** (circunstância que faz das condutas de contrafacção, alteração, depreciação, aquisição e passagem, *na substância*, meros actos preparatórios daquela colocação em circulação – infra C.) deriva, por outro lado, que a perfeição de qualquer dos crimes dos arts. 262º a 266º depende do requisito de a moeda falsificada se mostrar susceptível de ser confundida com a legítima. Em conformidade, suscita-se o problema do critério que preside à determinação da **semelhança** que deve existir entre a moeda falsificada e a legítima, como pressuposto da consumação dos delitos em apreço.

Bem vistas as coisas, a questão reconduz-se à aplicação, no presente domínio, das regras gerais da imputação objectiva. Se a lesão do bem jurídico coincide com o "evento" da entrada em circulação da moeda falsificada, só se estará perante um crime consumado quando aquela última se mostre – atentas as características do meio social em causa (quer dizer, o nível de cultura e de conhecimentos da generalidade das pessoas e, sobretudo, a perspicácia e o cuidado que, via de regra, são postos nos actos de dar e de receber dinheiro) – adequada ou idónea para se confundir com moeda legítima e, portanto, se misturar com esta no tráfego corrente. Não se exige, pois, que a falsificação atinja uma perfeição capaz de ludibriar um homem experiente, familiarizado com as técnicas da contrafacção ou alteração de moeda; basta, pelo contrário, que a moeda falsificada se apresente de molde a enganar, quanto à respectiva legitimidade, o comum das pessoas na vida de todos os dias. Numa primeira aproximação, aqui residiria o critério da "semelhança" requerida para a consumação dos delitos de moeda falsa previstos na lei.

Sucede, porém, que, dentro de um mesmo país, podem encontrar-se diferentes estratos populacionais, com níveis de cultura e de experiência diversos, que se reflectem num também distinto grau de permeabilidade à introdução de moeda falsa. Acresce que, tomando como ponto de referência o momento da contrafacção, alteração ou depreciação da moeda, não pode prever-se, de antemão, o concreto meio social em que ela virá a ser colocada em circulação. Posto isto, e seguindo a lição de BELEZA DOS SANTOS (*RLJ* 65º 273-4), a aludida semelhança da moeda falsificada com a legítima deve situar-se no limiar mínimo e, assim, circunscrever-se ao que se afigura necessário para a sua aceitação, como verdadeira, pela generalidade dos indivíduos que compõem o estrato menos exigente dos que integram o "âmbito pessoal" de aplicação da lei penal portuguesa.

O que vem de referir-se mais não representa, em suma, do que a consagração da mera "possibilidade de circulação" da moeda falsa como requisito da consumação. Ainda que sob formulações diversas, a tal perspectiva se reconduz, em último termo, uma parte significativa da doutrina nacional e estrangeira (além do citado estudo de BELEZA DOS SANTOS, cf. MEYER / ALLFELD, *Lehrbuch des deutschen Strafrechts* § 119 604-5, FRANK, *StGB*18 § 146 346-7, KOHLRAUSCH / LANGE, *Strafgesetzbuch*[39-40] § 146 I 204, GARÇON, *Code pénal annoté* I 276, MANZINI, *Trattato di diritto penale* (nuova edizione – 1950) VI 453-6 e, na literatura germânica mais recente, S / S / STERNBERG-LIEBEN[30] § 146 5, FISCHER[66] § 146 6, STEIN, *SK*[9] § 146 7 e ss., PUPPE, *NK*[4] § 146 3 ss. e RUß, *LK*[12] § 146 6 e 6-a). No limite – e considere-se, por exemplo, o caso de cidadãos estrangeiros em relação a moeda portuguesa, ou a hipótese inversa de nacionais confrontados com moeda estrangeira –, a adopção do assinalado critério implica, sem dúvida, um alargamento da incriminação; mas um alargamento que se justifica, por inteiro, no quadro da concepção de bem jurídico atrás adoptada. Tendo em vista as duas situações-limites acima referidas, pode dizer-se, em síntese, que o aludido requisito da "semelhança" (*rectius*, da "possibilidade de entrar em circulação") se esgota na exigência de que as peças falsificadas possuam a simples "aparência de dinheiro" (*Anschein von Geld* – S / S / STERNBERG-LIEBEN[30] § 146 nm. 5 e PUPPE, *NK*[4] § 146 4).

§ 18 Para citar, apenas, alguns casos comummente referidos na literatura, assim acontecerá quando o verso e o anverso da moeda forem iguais ou as inscrições não corresponderem às constantes da moeda legítima e, no tocante ao papel-moeda, se verificar uma divergência de coloração ou faltarem o número de série ou a marca de água; o mesmo se diga na eventualidade de as moedas falsificadas não terem equivalente na moeda legítima (*v. g.*, moedas de 3 ou 5 euros e notas de 200 ou 250 euros) ou resultarem da colagem de "partes" ou fragmentos de várias notas legítimas, hipótese que a doutrina alemã convencionou designar de *Systemnoten* (sobre os exemplos enunciados, por todos, S / S / STERNBERG-LIEBEN[30]

§ 146 5, FISCHER[66] § 146 7 e RUß, *LK*[12] § 146 7). Em qualquer destas situações, atento o grau de diligência posto pela generalidade das pessoas nos actos de dar e de receber dinheiro, pode observar-se o preenchimento do aludido pressuposto da "semelhança", entendido nos termos descritos, havendo lugar à punição do agente pela prática de um crime *consumado* de contrafacção, alteração, depreciação, aquisição, passagem ou colocação em circulação de moeda falsificada (infra § 20 ss.).

§ 19 A não verificação do assinalado requisito da "semelhança" conduz a diferentes soluções dogmáticas, em função do crime de moeda falsa em questão. Divergindo da opinião tradicional na doutrina portuguesa, que, consoante os casos, assimila a hipótese em apreço aos quadros da "tentativa inidónea" ou "impossível" *não punível* e, por outro lado, da "burla" (BELEZA DOS SANTOS, *RLJ* 65º 244-5 e 274, MAIA GONÇALVES[18] art. 262º 6 e art. 256º 7 e LEAL-HENRIQUES / SIMAS SANTOS IV[4] art. 262º 189 s.), no presente domínio parecem de isolar três grandes áreas, cada uma delas subordinada a tratamentos distintos: 1) de uma parte, os delitos de contrafacção, alteração e depreciação; 2) depois, os crimes de passagem e aquisição; 3) por fim, a colocação em circulação de moeda falsificada (para a caracterização destas figuras, infra § 20 ss.).

Quanto aos primeiros, observa-se que, à prática de todos os actos de execução, não se segue o "resultado" (*i. e.*, a produção de moeda susceptível de entrar em circulação) de que depende a consumação de qualquer daqueles delitos, deparando-se com uma situação que, nos termos gerais (art. 22º ss. do CP), se apresenta integrável na categoria da tentativa *idónea*. Só na hipótese de os instrumentos e/ou matérias-primas utilizados se mostrarem, de uma perspectiva *ex ante*, inadequados para o fabrico de moeda semelhante à legítima, se estará em face de um caso de tentativa inidónea ou impossível (por "inaptidão do meio"), cuja punição se subordina ao disposto no art. 23º-3 do CP (cf. infra Cap. I § 18).

Já no tocante à "passagem" e à "aquisição" de moeda falsificada, na medida em que as respectivas incriminações se fundamentam no perigo delas decorrente para a lesão do bem jurídico, *i. e.*, para a entrada em circulação da moeda – facto que, todavia, jamais poderá ocorrer, dada a falta de "semelhança" com a moeda legítima –, trata-se de situações materialmente idênticas à da tentativa inidónea ou impossível (cf. arts. 265º-3 e 266º-2, relacionados com art. 23º-3 do CP).

Em terceiro e último lugar, no que concerne ao crime de colocação em circulação de moeda falsificada que não preencha o mencionado requisito da "semelhança", não se afigura defensável a recondução de todos os casos a uma única solução dogmática. Adiante se verá que, no presente âmbito, parecem de autonomizar *três* "situações-tipos", submetidas a diferentes regimes (cf. infra Cap. I § 42).

C. Estrutura da tutela jurídico-penal do sistema monetário

§ 20 Independentemente da concepção defendida quanto ao bem jurídico dos delitos em análise, converge a doutrina no sentido de que a sua lesão apenas se observa com a **entrada em circulação** da moeda falsificada. O mesmo se passa no quadro da perspectiva adoptada (supra § 15 s.); só naquele momento pode dizer-se que ocorre uma intromissão abusiva no (e, assim, uma ofensa à integridade do) sistema monetário legal ou oficial. A particular relevância dos interesses em jogo condiciona, porém, que o nosso direito, à semelhança da generalidade das legislações, alargue o âmbito da tutela penal a situações que comportam o simples "perigo" de violação do assinalado bem jurídico, tipificando *como crimes autónomos* condutas que, na substância, constituem meros actos preparatórios da colocação em circulação de moeda falsificada. No plano dogmático, esse o decisivo significado dos delitos de *contrafacção, alteração, depreciação, passagem e aquisição de moeda* previstos no CP, que se reconduzem, portanto, à categoria dos **crimes de perigo abstracto**.

§ 21 Do ângulo do **tipo subjectivo**, exceptuada a "colocação em circulação", que constitui um **crime doloso *tout court*** – caracterizado pela simetria ou congruência dos respectivos tipos objectivo e subjectivo –, as demais infracções previstas nos artigos 262º ss. (*i.e.*, as aludidas *contrafacção, alteração, depreciação, aquisição e passagem de moeda falsa ou falsificada*) integram genuínos **delitos de intenção** (*Absichtsdelikte*). A perfeição dos últimos subordina-se ao requisito de à sua prática presidir o *animus* de que a moeda venha a entrar em circulação, facto de cuja efectivação não depende, todavia, a correspondente consumação.

Acrescente-se que semelhante descontinuidade entre os tipos objectivo e subjectivo das mencionadas infracções, quando perspectivada do prisma do **tipo objectivo**, faz com que – na terminologia de BINDING

(*Lehrbuch des gem. Deuts. Strafrechts. BT,* 1. Bd.^{2}, 1902, 9 e ss., esp. 11-5), também adoptada pelo comum da doutrina alemã – se esteja em face de **crimes de dupla-acção interrompidos** (*verkümmerte zweiaktige Verbrechen*). Categoria que se distingue dos chamados crimes de resultado "cortados" ou "incompletos" (*coupierte/kupierte Erfolgsverbrechen* – conceito igualmente introduzido por BINDING, *ob. e locs. cits.*) pela circunstância de a verificação do evento "extra-típico" visado (aqui, a colocação em circulação da moeda), longe de constituir uma consequência da própria conduta "típica", pressupor um comportamento adicional do agente ou de terceiro (sobre o ponto em apreço, A. M. ALMEIDA COSTA, *A Burla no Código Penal Português* 2020 Cap. III § 1).

§ 22 Por referência ao que vem de mencionar-se, a mesma importância atribuída aos interesses em causa motivou, inclusive, mais uma extensão do sancionamento penal. Pela primeira vez introduzida por uma Lei de 4 de Junho de 1859 (art. 3º) e, depois, mantida no CP de 1886 (art. 210º, §§ 1º a 3º), consistiu ela na punição da própria "preparação da preparação", quer dizer, dos actos preparatórios da contrafacção de moeda (*i. e.*, do fabrico, retenção, aquisição ou alienação de *instrumentos destinados à contrafacção de moeda*). Semelhante regime continuou a integrar a redacção originária do CP de 1982 (art. 250º) e consta hoje do art. 271º-1, al. *a)*, do CP vigente. Existe, todavia, uma diferença fundamental entre este preceito e os delitos de perigo descritos no parágrafo anterior: enquanto os últimos se encontram tipificados como *crimes autónomos* e, nessa medida, admitem a punição a título de *tentativa,* no âmbito do art. 271º, como o demonstra a correspondente epígrafe, as condutas aí descritas *conservam o carácter de actos preparatórios,* circunstância que exclui a possibilidade do seu sancionamento na forma tentada.

§ 23 Ao longo dos capítulos subsequentes proceder-se-á à análise dos vários delitos de moeda falsa atrás enunciados. No contexto das considerações gerais que compõem a presente Introdução, importa contudo esclarecer alguns aspectos atinentes à terminologia da lei.

Assim, a contrafacção (também denominada de falsificação *total*) abrange o processo de fabrico de moeda integralmente falsa (art. 262º-1). Ao invés, na alteração ou transformação (= falsificação *parcial*) a actividade do agente incide sobre moeda na origem legítima, traduzindo-se numa modificação do respectivo valor facial ou real; neste último caso se inclui a depreciação de moeda metálica, incriminação que, por motivos óbvios, só assume relevo prático quando esteja em causa moeda de metal nobre (cf. infra Cap. I § 3 e Cap. II §§ 3-4).

Mais melindrosa se revela a destrinça entre "colocação em circulação" e "passagem" de moeda falsa. Certamente por influência do CP de 1886 (arts. 206º ss.), de que só constava a segunda das expressões, não se detecta na doutrina e na jurisprudência portuguesas uma distinção de ambos os conceitos, que surgem a maioria das vezes utilizados como sinónimos para designar o acto de "emissão" de moeda ilegítima (cf. Osório II 297, Beleza dos Santos, *RLJ* 64º 417-8 (esp. 417 n. 1), Leal-Henriques / Simas Santos IV[4] art. 264º 201 e art. 265º 207, Ac. do STJ de 28.VII.1948, *BMJ* 80º 149, Ac. do STJ de 14.X.1959, *BMJ* 90º 413, e Ac. do TRP de 28.X.1984, *CJ* V 280). Pelo contrário, o CP vigente, ao referi-los em alternativa (arts. 264º-1 e 266º-1), quis sem dúvida atribuir-lhes um sentido diverso. Embora a lei não se mostre muito clara a este propósito, o significado mais razoável de uma tal contraposição parece consistir na boa ou má fé de quem aceita a moeda falsificada. Só no primeiro caso, *i. e.,* quando a pessoa que a recebe ignora a sua ilegitimidade pode dizer-se que se verificou a "colocação em circulação" da moeda e, portanto, a efectiva lesão do bem jurídico (cf. infra Cap. I § 39). Apesar de lhes corresponder a mesma pena abstracta, a diferente estrutura dogmática daqueles delitos – concretizada no facto de, num caso, se estar perante um crime de *dano* e, no outro, de um crime de *perigo* – implica assinaláveis diferenças de regime, circunstância que justifica, por inteiro, a autonomização das duas figuras.

§ 24 Sublinhe-se, por último, que, de acordo com o art. 11º do CP (na redacção que lhe foi dada pela L 59/2007, de 4.IX – *i.e.,* a chamada *Reforma de 2007* do CP), a responsabilização jurídico-criminal por qualquer dos delitos de moeda falsa contemplados nos arts. 262º ss. se estende às **pessoas colectivas, sociedades civis e associações de facto** (art. 11º, nºs 2 e 5).

Capítulo I
Contrafacção de Moeda (art. 262º do CP*)

A. Considerações preliminares

§ 1 À excepção da divergência observável no tocante às molduras penais, o preceito reproduz a disciplina dos arts. 236º e 237º da primitiva redacção do CP de 1982 e dos arts. 286º e 287º do ProjPE de 1966 (cf. *Actas 1979* 248 ss.). Acresce que, no confronto com o texto resultante da Reforma de 1995 (DL 48/95, de 15.III), a L 97/2001, de 25.VIII, agravou o mínimo da sanção do nº 1 de dois (2) para três anos (3) de prisão e, no tocante ao nº 2, substituiu a pena, que era de um (1) a cinco (5) anos, pela de dois (2) a oito (8) anos de prisão. De outra parte, devido às alterações introduzidas no art. 11º do CP pela L 59/2007, de 4.IX, a responsabilização jurídico-criminal relativa às infracções em análise passou a estender-se às **pessoas colectivas, sociedades civis e associações de facto** (art. 11º, nºs 2 e 5). No CP de 1886, os delitos em apreço encontravam-se regulados nos arts. 206º e 208º.

Numa primeira aproximação, atento o respectivo teor literal, o presente artigo contempla a incriminação da falsificação de moeda,

* Artigo 262º do CP:

1. Quem praticar contrafacção de moeda, com intenção de a pôr em circulação como legítima, é punido com pena de prisão de 3 a 12 anos.
2. Quem, com intenção de a pôr em circulação, falsificar ou alterar o valor facial de moeda legítima para valor superior é punido com pena de prisão de 2 a 8 anos.

autonomizando nos seus dois números os regimes das chamadas **falsificação total** (= contrafacção) e **parcial** (= alteração/transformação). Enquanto a primeira se traduz no fabrico de moeda integralmente falsa (nº 1), a segunda incide sobre moeda na origem legítima, consistindo no aumento do correspondente valor facial (nº 2). Por referência ao bem jurídico subjacente aos delitos em apreço, *i. e.*, a integridade ou intangibilidade do sistema monetário legal ou oficial, cuja lesão apenas ocorre com a colocação em circulação da moeda ilegítima (cf. supra Introdução §§ 15 ss. e 20), qualquer daquelas infracções integra um *crime de perigo abstracto*; desde que preenchidos os restantes elementos do tipo, a prática das condutas descritas no art. 262º implica a punição do agente por um delito consumado. Este um aspecto em que converge a maior parte da doutrina e da jurisprudência nacionais e estrangeiras, independentemente da concepção adoptada acerca do bem jurídico (entre nós, defendendo opinião contrária, MATOS FERNANDES, *CJ* IX (4) 33, e LEAL-HENRIQUES / SIMAS SANTOS IV[4] art. 262º 199 s.).

§ 2 Tratando-se, em ambos os casos, de **crimes de perigo abstracto**, a diversidade das penas estabelecidas nos nºs 1 e 2 do art. 262º só pode radicar na diferente gravidade da ofensa ("potencial") que as condutas neles contempladas envolvem para o bem jurídico. Mas o critério não é mantido com coerência pela lei, que, no tocante aos delitos de "passagem", "colocação em circulação" e "aquisição" de moeda ilegítima, consagra uma única moldura penal abstracta, não autonomizando as hipóteses em que o objecto do crime resida em moeda falsa (= contrafeita) ou, pelo contrário, em moeda legítima falsificada no respectivo valor facial (arts. 265º-1, al. *a)*, e 266º, al. *a)*). A **distonia** torna-se, aliás, tanto mais nítida quando, no art. 264º-1, se mantém a aludida diferença de sancionamento para o caso de a passagem ou a colocação em circulação da moeda ocorrer "de concerto" com o falsificador.

§ 3 De harmonia com a concepção avançada quanto ao bem jurídico, observou-se que o conceito de moeda subjacente aos delitos em análise abrange o papel-moeda e a moeda metálica, esta última nas espécies de moeda corrente e de moedas comemorativas (sobre o conceito jurídico-penal de moeda, cf. supra Introdução § 2 ss., esp. 9 ss., e 16). De outro lado, também se salientou que, por razões atinentes à flutuação do valor do metal e aos seus reflexos na massa monetária em circulação, as moedas de metal nobre tendem a ser hoje muito raras, restringindo-se a alguns casos de moedas comemorativas (Introdução § 4). No universo jurídico germânico, tal circunstância condicionou, aliás, a eliminação do tipo legal da "depreciação do valor de moeda metálica" (*Münzveringerung*), constante da redacção anterior do § 150 *StGB*, com base no argumento de que, por esse motivo, o artigo se mostrava desnecessário do prisma político-criminal (Ruß, *LK*[12] *vor* § 146 4). Mais importante se revela, todavia, a objecção de que tal crime não encontra justificação no quadro dos sistemas monetários contemporâneos. No âmbito dos últimos, a moeda de metal nobre, apesar do eventual valor coleccionista que reveste, assume a natureza de um simples meio de pagamento, em tudo análogo à restante moeda metálica corrente. Ultrapassadas as velhas concepções da "moeda-mercadoria" (cf., por todos, Teixeira Ribeiro, *Economia política*, polic., 1962-3 17 ss.), a sua relevância monetária assenta, *não* no valor intrínseco do metal que incorpora, mas no valor facial que se lhe encontra atribuído. Do ponto de vista do bem jurídico da integridade do sistema monetário, a respectiva falsificação assume o mesmíssimo significado da falsificação de qualquer outra espécie monetária, não se vislumbrando, por isso, fundamento para a autonomização da correspondente incriminação (como se verá, do prisma da teleologia dos delitos de moeda falsa, a única especificidade do regime relativo à moeda de metal nobre respeita às situações de concurso entre os crimes de "colocação em circulação de moeda falsa" e de "burla" – cf. infra § 51 *in fine*).

§ 4 Não obstante o que vem de assinalar-se, o art. 263º – à semelhança do § 234 do *StGB* austríaco e do § 243 do *StGB* suíço – continua a consagrar aquela figura-de-delito. Adiante se procederá à sua análise. De momento, a alusão ao art. 263º apenas se justifica porque dele decorrem algumas consequências no tocante à esfera de aplicação do art. 262º.

Com efeito, o art. 263º contempla a depreciação de moeda metálica legítima (nº 1) e, de outra parte, o fabrico (= contrafacção) de moeda metálica cujo valor intrínseco (*i. e.*, do metal que incorpora) se apresenta *igual* ou *superior* ao da correspondente moeda legítima (nº 2) – hipóteses que, por razões óbvias, só se colocam quando esteja em causa moeda de metal nobre (neste sentido, pormenorizadamente, cf. infra Cap. II § 3). Daí deriva, desde logo, uma restrição do âmbito do nº 1 do art. 262º, que, tratando-se de moeda de metal nobre, apenas abrange o caso de a moeda contrafeita revestir um valor *inferior* ao da legítima. Por outro lado, na órbita do nº 2 do art. 262º cabe a falsificação (parcial) que se traduza no aumento do valor *facial* de toda a moeda legítima, qualquer que seja a sua natureza, aí incluída a moeda que conste de metal nobre.

Diferentemente, a nossa lei não contempla a incriminação da falsificação parcial consistente na *diminuição* do valor facial de moeda legítima. Trata-se, sem dúvida, de uma situação de verificação pouco provável, mas que, a ocorrer, envolve uma efectiva lesão do bem jurídico subjacente aos delitos de moeda falsa. Aliás, a conclusão afigura-se válida, tanto na órbita da tese adoptada, que assimila aquele bem jurídico à integridade do sistema monetário oficial, como no âmbito das concepções tradicionais, que o reconduzem à "fé pública na moeda" ou à "funcionalidade do tráfego monetário" (supra Introdução § 14 ss.)

Tudo para concluir, em suma, que a disciplina resultante da conjugação dos arts. 262º e 263º enferma de algumas **insuficiências**. O principal defeito radica no facto de o CP não se haver libertado, de forma definitiva, do velho conceito de "moeda-mercadoria" e, portanto, da adopção de soluções apenas compreensíveis no quadro de uma perspectiva que, ao menos em parte, reconduza o bem jurídico dos delitos de moeda falsa ao património do destinatário da moeda (confirmando a ideia, cf. a exposição de BELEZA DOS SANTOS, *RLJ* 65º 322-4 e 338-40). Só assim se explica a consagração do nº 2 do art. 263º e a daí decorrente diversidade das molduras penais estabelecidas para a *contrafacção* de moeda de *metal nobre*, consoante as peças falsas revistam um valor *igual ou superior* (= prisão até dois anos ou multa até duzentos e quarenta dias – art. 263º-2) ou, pelo contrário, *inferior* ao da moeda legítima (= prisão de três a doze anos – art. 262º-1); do estrito ângulo da lesão do bem jurídico subjacente aos crimes de moeda falsa, a disparidade das soluções afigura-se insustentável. E o mesmo se diga da própria consagração do crime de depreciação de moeda metálica legítima, constante do nº 1 do art. 263º: na medida em que deixa intocado o valor facial da moeda em causa, apenas afectando o respectivo valor "extra-monetário" (*v. g.*, joalheiro ou coleccionista), tal conduta consubstancia uma ofensa, *não* à integridade do sistema monetário, mas ao património do adquirente da moeda depreciada. Por fim, a não incriminação da falsificação parcial que envolva a *diminuição* do valor *facial* da moeda, se pode fundar-se na diminuta plausibilidade da respectiva verificação, também não deixa de constituir uma reminiscência do antigo sistema da moeda-mercadoria, onde só o aumento do valor facial da moeda implicava um prejuízo para o destinatário da mesma (cf. infra Cap. II §§ 3-4).

§ 5 No âmbito do presente capítulo, a referência ao art. 263º apenas releva, contudo, na parte em que o seu conteúdo limita o campo de aplicação do art. 262º. A este propósito, conclui-se, pois, que:

– o nº 1 do art. 262º abrange a contrafacção de toda a espécie monetária com curso legal, *i. e.*, quer do papel-moeda quer da moeda metálica, com a única restrição de, tratando-se de moeda de metal nobre, só contemplar a hipótese de as peças falsas revestirem um valor *inferior* ao das legítimas; caso contrário, quando incorporem um valor *igual* ou *superior* ao da moeda verdadeira, a situação entra na esfera de previsão do art. 263º-2;
– por sua vez, o nº 2 do art. 262º, referente à falsificação parcial (= alteração/transformação) de moeda legítima que se traduza no *aumento* do respectivo valor *facial*, engloba todas as espécies monetárias com curso legal, aí incluída a moeda de metal nobre.

§ 6 Um outro ponto prende-se com a necessidade de proceder a uma **extensão teleológica** do art. 262º. Para maior clareza, abordar-se-á a questão em secção autónoma.

B. Extensão teleológica do art. 262º

1. Análise do problema no âmbito do nº 1 do art. 262º

§ 7 Na medida em que só através da "colocação em circulação" da moeda falsa se consuma a efectiva lesão do bem jurídico, tal comportamento integra, no presente âmbito, o crime fundamental, nele havendo de residir a matriz do regime da matéria e, ao nível dos casos concretos, o referente nuclear para a qualificação jurídico-penal das condutas dos vários agentes. Partindo desta base, o texto do CP vigente encerra, todavia, uma lacuna, que, embora acabe por não acarretar consequências quanto à determinação das sanções, gera perturbação no plano dogmático. Consiste ela no facto de a nossa lei não contemplar – ao contrário do que sucedia no CP de 1886 (art. 206º) – qualquer alusão *expressa* à passagem e à colocação em circulação de moeda contrafeita realizadas *pelo próprio autor da contrafacção*. Ao invés, apenas se lhes reporta quando cometidas por outrem, limitando-se a distinguir as situações em que se verifica (ou não) "concerto" com o falsificador (arts. 264º e 265º).

Sem dúvida que, no tocante à sanção em concreto aplicável, dado que à contrafacção se faz corresponder a moldura penal mais grave de entre as que constam dos artigos da secção em que se inscreve, daí não resultam inconvenientes quanto às consequências práticas: como se verá adiante, sendo a mesma a pessoa que contrafaz a moeda e, depois, a coloca em circulação, ao menos por força da regra da *consunção impura*, sempre terá de punir-se o agente no quadro da sanção estabelecida no art. 262º-1 para a falsificação de moeda. Mas não pode deixar de considerar-se estranho que, nesse caso, venha a aplicar-se a pena correspondente, *não* à lesão do bem jurídico (efectivamente ocorrida), *mas* à sua simples colocação em perigo ou, pior ainda, a pena que se encontra estabelecida para condutas que, na substância, integram meros "actos preparatórios" do crime que, na realidade, se cometeu (cf. supra Introdução §§ 20-22).

§ 8 Por referência à hipótese descrita, e sempre no pressuposto de que o crime fundamental perpetrado pelo agente radica na "colocação em circulação" de moeda falsa, são **duas as soluções** que, na essência, se prefiguram quanto ao respectivo enquadramento dogmático. A primeira, que mais directamente resulta do teor literal do CP, consiste no apelo às regras gerais do concurso aparente, legal ou de normas, concretamente à disciplina da chamada **consunção impura**. Na situação em análise, a conduta do agente realizaria, de modo cumulativo, os tipos legais dos arts. 262º-1 e 265º. Em princípio, o preenchimento do tipo fundamental da colocação em circulação de moeda falsa (art. 265º), ao comportar a lesão do bem jurídico, afastaria – à semelhança do que, por norma, sucede entre tipos de dano e tipos de perigo ou, de um modo geral, entre consumação e tentativa ou simples preparação – a incriminação a título de contrafacção de moeda (art. 262º), esgotando o conteúdo de protecção dispensado pela ordem jurídica à hipótese concreta (= consunção *pura*). Dado, porém, que a pena cominada para os actos preparatórios (art. 262º-1) se apresenta mais grave e, por isso, confere uma melhor protecção ao bem jurídico – facto a que acresce, no nosso caso, o objectivo de evitar o contra-senso de se penalizar o perigo com maior severidade do que o dano –, seguindo doutrina pacificamente aceita, haveria que inverter a regra "normal" da consunção (pura) e punir o agente no quadro da moldura do tipo legal de crime que, em princípio, deveria ser consumido (= consunção *impura* – sobre o concurso aparente, legal ou de normas e, em particular, no tocante à figura da consunção impura, por todos, EDUARDO CORREIA II 204 ss., esp. 207-8).

De qualquer forma, importa salientar que esta operação se limita ao plano da determinação da pena aplicável e deixa intocado o específico conteúdo de ilícito da situação, que continua a integrar o tipo de dano consistente na lesão do bem jurídico, limitando-se a regra da consunção *impura* ao problema da pena aplicável. Dito de outro modo: dado que a consunção impura se traduz num mecanismo tendente a corrigir disfunções da lei no estrito âmbito da medida da pena, no caso em apreço continuaria a deparar-se com um crime de colocação em circulação de moeda falsa, que, contudo, se sancionaria dentro da moldura abstracta do crime de contrafacção de moeda.

§ 9 Não se contesta a legitimidade e, até, a imprescindibilidade da regra da consunção impura como "solução de recurso" para superar certas deficiências da lei ao nível da aplicação concreta. Por isso mesmo, convocá-la para resolver a situação de concurso aparente entre os arts. 262º-1 e 265º leva implicado o reconhecimento inequívoco de uma insuficiência, *i. e.*, de um "lapso" do legislador. E o que terá de questionar-se é se tal conclusão não se apresenta evitável. Por outras palavras: de acordo com o princípio geral da interpretação jurídica, segundo o qual deve presumir-se que o legislador pretendeu sempre consagrar a solução mais razoável e adequada (art. 9º-3 do CCivil), não poderá, dentro dos limites estabelecidos para a interpretação da lei e a integração das lacunas em direito penal (art. 1º do CP), obstar-se a semelhante conclusão, logrando obter um entendimento mais harmonioso e fluido do regime do art. 262º ss.?

§ 10 Propende-se no sentido de uma resposta afirmativa, embora não se ignore que a via exposta envolve um "ajustamento" ou, até, uma verdadeira "correcção" da letra da lei, tendente a compaginá-la com a teleologia que lhe subjaz; mas uma correcção, sublinhe-se, que se apresenta compatível com o respeito intransigente pelo princípio da legalidade e pelo sentido dos limites estabelecidos à interpretação da lei penal. Como pressuposto desta última asserção, cumpre vincar dois aspectos, aliás complementares do prisma da questão agora em apreço:

- em primeiro lugar, dado que a pena prevista no art. 262º-1 se apresenta como a mais grave das que integram os vários crimes de moeda falsa, qualquer solução preconizada nunca envolverá uma agravação do regime concretamente aplicável aos arguidos, por referência àquele – atrás descrito – que resulta da vinculação estrita à letra da lei, com o consequente funcionamento da regra da consunção *impura* entre os arts. 262º-1 e 265º; seguindo esta via, e como decorre do sentido atribuído à figura da consunção impura (supra § 8 *in fine*), pune-se o agente pela prática do crime de colocação em circulação de moeda falsa do art. 265º, mas dentro da moldura penal abstracta estabelecida para a contrafacção de moeda no art. 262º-1;
- por outro lado, e em conexão com o ponto precedente, o art. 1º-3 do CP, de entre todas as operações consentidas pela ordem jurídica portuguesa no tocante à interpretação da lei e à integração das lacunas, só exclui o emprego da analogia em matéria de *fundamentação ou agravação da responsabilidade e de determinação dos pressupostos de um estado de perigosidade, bem como da correspondente medida de segurança*; fora destes casos admite-se o recurso a todos os mecanismos interpretativos (aí incluída a própria analogia) tendentes a harmonizar a letra da lei com o seu espírito, desde que se respeitem os limites impostos pelos princípios gerais da interpretação jurídica consagrados no art. 9º ss. do CCivil.

§ 11 Posto isto, a doutrina nacional e estrangeira, independentemente da concepção defendida quanto à natureza do bem jurídico em causa (supra Introdução § 14 ss.), converge na ideia de que **a sua efectiva violação só se verifica com a colocação da moeda em circulação**. E converge, ainda, na assunção das operações de falsificação (total ou parcial) de moeda como integrando, na substância, **actos preparatórios** daquele primeiro crime, mas que, atenta a importância dos interesses em jogo, cumpre tipificar como delitos autónomos, puníveis com a mesma pena estabelecida para a colocação em circulação de moeda. Qualquer dos dois pontos enunciados corresponde, não só ao regime estabelecido em diplomas estrangeiros (*v. g.*, o § 146 *StGB* alemão), mas também à nossa tradição legislativa, constando da disciplina da matéria consagrada no art. 206º dos CP's de 1852 e de 1886.

De outra parte, também ninguém duvidará ser essa a intenção subjacente ao CP em vigor. Assim acontece, tanto do prisma da análise dos trabalhos preparatórios, onde não se vislumbra, quanto aos aspectos em referência, qualquer manifestação de um desvio ao direito anterior (cf. *Actas 1979* 249 ss. e *Actas 1993* 306 ss.), como sobretudo da circunstância de, em última análise, serem aquelas as sanções que acaba por consagrar, se bem que através da via indirecta e algo sinuosa do recurso à consunção *impura*.

Mas se assim é, estão recolhidos os pressupostos para que, no tocante ao art. 262º-1, possa (e deva) operar-se aquilo que a moderna metodologia jurídica apelida de **correcção** ou **extensão teleológica** do respectivo elemento gramatical, *i. e.*, o alargamento do âmbito do preceito a situações que, embora não caibam nas "potencialidades imediatas" da sua letra, concretizam inequivocamente o sentido ou intenção valorativa que lhe subjaz (sobre este ponto, CANARIS, *Die Feststellung von Lücken im Gesetz* 98 ss., e LARENZ, *Metodologia de la ciencia del derecho* 1980 391 ss.). Não se compreenderia, na verdade, que o legislador punisse com três a doze anos de prisão a simples contrafacção de moeda (art. 262º-1) e, depois, no tocante ao momento essencial da lesão do bem jurídico, *i. e.*, à colocação em circulação dessa mesma moeda, *quando efectuada pelo próprio falsificador*, a pretendesse enquadrar na órbita do art. 265º, subordinando-a, tão-só, a uma pena de prisão até cinco anos. E o absurdo da solução torna-se tanto mais evidente quando, logo ao lado, no art. 264º, se pune a passagem e a colocação em circulação de moeda contrafeita realizadas por terceiros "concertados" com o falsificador tornando a estabelecer uma pena de prisão de três a doze anos.

§ 12 Perante este quadro, afigura-se que a única forma de conferir unidade e coerência ao regime em apreço consistirá em proceder à aludida "extensão teleológica" do art. 262º-1 e entender que, não obstante o teor mais restrito do seu texto, o preceito compreende, além da contrafacção, a "passagem" e a "colocação em circulação" de moeda contrafeita, **desde que realizadas pelo próprio falsificador**. De acordo com esta interpretação, o conteúdo do artigo passa a traduzir, com fidelidade e clareza, a teleologia que, como se viu, subjaz à regulamentação da matéria. E isto, como decorre de tudo o que se escreveu, no respeito, tanto do princípio da legalidade e das regras da interpretação penal (art. 1º do CP), como dos limites em geral estabelecidos no art. 9º ss. do CCivil para a interpretação da lei e a integração das lacunas.

Quanto ao primeiro dos aspectos por último focados, o facto de a pena aplicável coincidir com aquela a que se chega através do citado mecanismo da consunção impura, não se verificando, por isso, nenhuma agravação da posição dos agentes, obsta a qualquer violação do art. 1º do CP. E o mesmo acontece no tocante à segunda vertente, em particular à exigência de que o sentido considerado pelo intérprete tenha um mínimo de correspondência na letra da lei (art. 9º-2 do CCivil): também aqui pode dizer-se que a via adoptada, ao comportar a expressão do pensamento legislativo claramente resultante da leitura dos arts. 262º-1, 264º e 265º, cumpre, *pelo menos na mesma medida da consunção impura*, o assinalado requisito da correspondência mínima com a letra da lei.

§ 13 Vale por dizer, em síntese, que, perspectivando os arts. 262º ss. de acordo com a teleologia que lhes preside, se afigura de concluir, à luz dos mais modernos ensinamentos da metodologia jurídica e em estrita obediência ao disposto nos arts. 1º do CP e 9º ss. do CCivil, que **o âmbito de previsão do art. 262º-1 abrange, além da "contrafacção" de moeda, as hipóteses de "passagem" e de "colocação em circulação" de moeda contrafeita quando (e só quando) realizadas pelo próprio falsificador**. Na órbita do presente capítulo proceder-se-á, por isso, ao estudo, em separado, dos elementos constitutivos de cada uma das mencionadas figuras-de-delito (infra § 17 ss.).

2. *Extensão teleológica do nº 2 do art. 262º*

§ 14 Como se sublinhava na primeira edição do *Com. Conimb. CP* II, atenta a moldura penal abstracta então consagrada no nº 2 do art. 262º, *i. e.*, de um a cinco anos de prisão, as razões atrás invocadas para a extensão teleológica do nº 1 do mesmo preceito – em especial, o objectivo de evitar a solução artificiosa do recurso à figura da consunção *impura* – **não valiam** para o âmbito em apreço. Na verdade, antes da alteração introduzida pela L 97/2001, de 25.VIII, a pena *máxima* cominada para a alteração do valor facial de moeda legítima coincidia com a estabelecida no art. 265º-1, al. *a)*, para a sua posterior passagem ou colocação em circulação (= prisão de cinco anos) – circunstância que, na hipótese de ser o mesmo o agente da falsificação e da subsequente passagem ou colocação em circulação, conduziria ao funcionamento dos princípios gerais do concurso aparente, legal ou de normas, concretamente da regra da consunção *pura* e, assim, à punição do arguido pela última daquelas infracções numa pena até cinco anos de prisão. Por referência à tutela do bem jurídico em causa, os tipos legais da passagem e da colocação em circulação de moeda (art. 265º-1, al. *a)*) "consumiriam" o conteúdo de protecção ínsito à incriminação do perigo *mais remoto* da falsificação parcial de moeda legítima, constante do nº 2 do art. 262º (sobre o significado da consunção pura, supra § 8).

§ 15 Em conformidade, fazia-se assentar a subordinação do nº 2 do art. 262º a uma extensão teleológica semelhante à do correspondente nº 1 em considerações de índole diversa. Por um lado, a unidade de sentido que forçosamente subjazia à inclusão das condutas previstas nos nos 1 e 2 sob a égide do mesmo art. 262º parecia impor a adopção de **uma idêntica concepção para ambos os casos**. Por outro lado, entendia-se que, além de propiciar a congruência de toda a elaboração dogmática dos crimes de moeda falsa, a extensão teleológica do nº 2 do art. 262º e, portanto, a inclusão no seu âmbito, não só da falsificação parcial da moeda legítima, mas ainda das respectivas "passagem" e "colocação em circulação" implicava – ao invés do que sucederia na órbita do art. 265º-1, al. *a)* – a subordinação destes dois últimos delitos à pena *mínima* de um ano de prisão, cominada naquele primeiro normativo; do ponto de vista material, atenta a maior ofensividade de tais condutas em relação ao bem jurídico, a solução justificava-se por inteiro, não se compreendendo como poderia, em coerência, o limite inferior das correspondentes molduras penais ficar aquém do estabelecido para a simples falsificação parcial de moeda legítima.

§ 16 Com a entrada em vigor da L 97/2001, de 25.VIII, e a consequente agravação da moldura penal abstracta do nº 2 do art. 262º para prisão de dois (2) a oito (8) anos, a argumentação dos anteriores §§ 14 e 15 deixa, todavia, de fazer sentido. Ao consagrar uma sanção mais severa do que a cominada para a "passagem" e a "colocação em circulação" de moeda parcialmente falsificada (= prisão até cinco (5) anos – art. 265º, al. *a)*), a punição destes crimes, *quando praticados pelo autor da falsificação,* passou a suscitar as mesmíssimas questões referidas a propósito do nº 1 do art. 262º e, nessa medida, a justificar, nos precisos termos invocados para aquele preceito, uma extensão teleológica do respectivo "elemento gramatical". Tudo para concluir, em suma, que, no quadro de uma extensão teleológica análoga à que se defendeu no tocante ao nº 1, o nº 2 do art. 262º contempla a **falsificação parcial consistente no aumento do valor facial de moeda legítima e, bem assim, a incriminação das subsequentes "passagem" e "colocação em circulação", se levadas a cabo pelo próprio falsificador**. Também no presente âmbito haverá por isso que tratar, em separado, as três mencionadas figuras-de-delito.

C. Análise do nº 1 do art. 262º

§ 17 Em decorrência do exposto (supra §§ 7-13), este dispositivo comporta a incriminação da contrafacção, da passagem e da colocação em circulação de moeda contrafeita – as duas últimas quando (e só quando) realizadas pelo autor da contrafacção. Seguindo a ordem que corresponde à própria sequência dos actos conducentes à efectiva lesão do bem jurídico, procede-se, de imediato, ao estudo de cada um daqueles delitos.

1. Contrafacção (= falsificação total*) de moeda*

a) Tipo objectivo de ilícito

§ 18 Quanto ao **tipo objectivo**, já se salientou que a contrafacção consiste no conjunto de actos materiais de que resulta a produção de moeda *integralmente* falsa, *i. e.,* cujo fabrico não se encontra coberto por ordem ou autorização da entidade competente. Dado que a lesão do bem jurídico só ocorre com a entrada em circulação da moeda, o delito constitui, do ponto de vista em apreço, um **crime de perigo abstracto**, não dependendo da prova de que se verificou o perigo *concreto* (= avaliado *ex post*) daquela entrada em circulação. Por outro lado, sob o prisma do "objecto da acção", trata-se de um **crime material** ou **de resultado**, que apenas se *consuma* com a conclusão do fabrico da primeira moeda falsa (S / S / Sternberg-Lieben[28] § 146 10 e Ruß, *LK*[12] § 146 18). Por fim, a descontinuidade ou assimetria entre os correspondentes tipos objectivo e subjectivo, decorrente de se tratar de um "delito de intenção" (infra § 20), faz com que se esteja, do ângulo do tipo objectivo, perante um **crime de dupla-acção interrompido** (*verkümmertes zweiaktiges Verbrechen* (Binding) – cf. supra Introdução § 21).

§ 19 Sublinhe-se, ainda, que, tratando-se de um crime de perigo cuja punição tem por objectivo estabelecer uma protecção antecipada ao bem jurídico da integridade ou intangibilidade do sistema monetário oficial, a sua **consumação** depende de a moeda contrafeita se mostrar susceptível de ser confundida com a moeda legítima e, por conseguinte, se misturar com ela no tráfego corrente. Só neste caso pode falar-se de um "perigo" (ainda que *abstracto*) de a moeda entrar em circulação, cumprindo-se o conteúdo de ilícito específico do delito em análise. Quanto ao grau de "semelhança" exigido entre a moeda falsa e a legítima, já se observou que deve situar-se no limiar mínimo de as peças falsificadas possuírem a simples "aparência de dinheiro" (sobre os pontos abordados no presente parágrafo, mais desenvolvidamente, cf. Introdução § 17 s.).

§ 20 Na hipótese de não se preencher o aludido pressuposto da "semelhança" entre a moeda falsa e a verdadeira, depara-se, em princípio, com uma situação de **tentativa idónea**, punível nos termos do art. 22º ss. Nesse caso, dado que o agente praticou todos os actos de execução do crime, trata-se, igualmente, de uma tentativa *acabada*, circunstância que poderá relevar ao nível da medida concreta da pena. De acordo com o art. 23º-3 do CP, ao contrário do que pretende a doutrina dominante, só se estará em face de uma tentativa **inidónea** ou **impossível** quando os instrumentos e/ou as matérias-primas utilizados se mostrem, logo de uma perspectiva *ex ante*, inadequados para o fabrico de moeda "semelhante" à legítima (= tentativa inidónea ou impossível *por inaptidão do meio empregado*). Nos termos daquele artigo, a punibilidade da conduta depende de *não* ser manifesta a referida inadequação do meio.

Diversamente, parece que, pela própria natureza das coisas, na órbita do delito em apreço *não* releva a denominada tentativa inidónea *por inexistência do objecto.* Deve começar por dizer-se que, ao contrário do que sucede noutros crimes, na contrafacção de moeda o "objecto da acção" consubstancia, não o "alvo" naturalístico da agressão e, assim, o substrato fáctico do bem jurídico (*v. g.*, o "corpo" de uma pessoa no homicídio e nas ofensas corporais, a "coisa" ilegitimamente apropriada no furto ou a própria "moeda *legítima*" na falsificação *parcial* de moeda), mas a matéria-prima (metal ou papel) que serve de base ao fabrico da moeda ou, se se preferir, noutra perspectiva das coisas, a realidade "nova" criada pela conduta criminosa, *i. e.*, a moeda contrafeita, que marca o momento da consumação do delito. Em qualquer das hipóteses, a figura da tentativa impossível por inexistência do objecto carece, porém, de relevância penal.

Assim acontece, desde logo, quando se considere que o objecto da infracção radica na moeda contrafeita. Nesse caso, subordinando-se a punição da tentativa impossível ao carácter *não-manifesto* da inexistência do objecto (art. 23º-3 do CP), afigura-se que tal requisito acaba por traduzir-se na verificação da aludida "semelhança" entre a moeda falsa e a legítima – circunstância que, todavia, implica a ocorrência, não de uma tentativa inidónea punível, mas de um verdadeiro crime *consumado* de contrafacção de moeda (supra § 21). Numa palavra, *do estrito ponto de vista em apreço*, o apelo para os quadros da tentativa impossível "por inexistência do objecto" não se justifica: todas as situações em teoria assimiláveis à figura, *ou* preenchem o pressuposto de *não* serem manifestas e representam contrafacções de moeda consumadas, *ou* não cumprem aquela exigência do art. 23º-3 do CP e, então, a relevância jurídico-penal da conduta passa a decidir-se noutra sede, quer dizer, na órbita da tentativa *idónea* (se, de uma perspectiva *ex ante facto*, os meios utilizados eram adequados para produzir moeda semelhante à legítima) ou da tentativa *inidónea por inaptidão do meio empregado* (cf., supra, a primeira parte do presente parágrafo).

Para ilustrar a última das alternativas, refira-se a hipótese de a peça falsa, por mais perfeita que haja sido a contrafacção, não possuir, nos termos em que se definiu o mencionado requisito da "semelhança", correspondência numa qualquer espécie monetária em circulação e, portanto, a mínima possibilidade de confundir-se com a moeda corrente. Embora a inexistência do objecto (na acepção em causa, que o identifica com a moeda contrafeita) surja manifesta, nada impede que a situação constitua, em simultâneo, uma tentativa inidónea por inaptidão dos meios empregados – concretamente, dos cunhos, chapas ou matérias-primas, que se apresentam inadequados para a produção de moeda falsa susceptível de confundir-se com a moeda legítima – e, desse ponto de vista, preencha o requisito do art. 23º-3 do CP para a respectiva punibilidade.

O que vem de referir-se vale, igualmente, para o caso de se assumir como objecto do crime a **matéria-prima** a partir da qual se produz a moeda falsa. Também aqui a inexistência do objecto acaba por traduzir-se na sua idoneidade ou inidoneidade para servir de base ao fabrico de moeda "semelhante" à legítima, passando a questão a colocar-se na esfera da tentativa inidónea por inaptidão do meio empregado pelo agente.

§ 21 Uma última nota quanto à conduta típica. Tratando-se de um crime de **execução livre** ou **não-vinculada**, não se depara, no presente contexto, com especiais exigências da lei. Para a realização do tipo, basta que a actividade do agente satisfaça as regras que vigoram no âmbito da imputação objectiva.

Podem, todavia, verificar-se situações em que se mostra duvidosa a fronteira entre a contrafacção e a simples falsificação parcial de moeda. Como decorre do que se escreveu a propósito destes dois delitos (supra § 1), o decisivo critério de distinção há-de residir no facto de a conduta do agente visar a produção (não autorizada) de espécies monetárias *novas* (ilegítimas) ou, pelo contrário, a alteração/transformação de moeda que, em si mesma, integra moeda *legítima*. A esta luz deverão resolver-se alguns casos-limites via de regra enunciados na literatura alemã:

- O primeiro reporta-se às chamadas *Systemnoten*, quer dizer, notas que resultam da colagem de diversas "partes" de notas legítimas; seguindo a doutrina e a jurisprudência germânicas dominantes, depara-se com a criação de um *novo* espécimen monetário, que não se identifica com aqueles de que provêm os "fragmentos" que o constituem, circunstância que converte a conduta num efectivo crime de contrafacção de moeda (de modo análogo, S / S / Sternberg-Lieben[30] § 146 5, Stein, *SK*[9] § 146 10, Hafke, *MDR* 1976 278-81, e Ruß, *LK*[12] § 146 7).

- O mesmo se diga da actividade de alteração/transformação de moeda contrafeita (= falsa), tendente a conferir-lhe uma maior semelhança com a moeda legítima (S / S / STERNBERG-LIEBEN[30] § 146 5 s.).
- Mais complicada se revela a qualificação jurídico-criminal dos actos de alteração/transformação de moeda retirada de circulação, em ordem a torná-la confundível com a moeda corrente; segundo a opinião maioritária na Alemanha, estar-se-ia em face de uma actividade realizada sobre moeda que já não se encontra em vigor (= *ilegítima*) e, por conseguinte, perante a criação de um novo espécimen monetário falso, o que implicaria a subsunção da factualidade ao tipo legal da contrafacção de moeda (neste sentido, S / S / STERNBERG-LIEBEN[30] § 146 5 e STEIN, *SK*[9] § 146 5 e 6 ss.; idêntica conclusão parece decorrer, também, das concepções de PROST e GEISLER – cf. Introdução §§ 7-9 –, na parte em que consideram ilegítima toda a moeda que se encontre fora de circulação). Diferente tem de ser a solução aqui defendida, por força do conceito de moeda (legítima) atrás consagrado. De harmonia com a recondução do bem jurídico dos delitos em análise à integridade ou intangibilidade do sistema monetário oficial, considerou-se abrangida naquele conceito a moeda retirada de circulação pelo banco central, não apenas durante o prazo fixado para a sua troca, em que continua a usufruir de curso legal, como ainda ao longo do período posterior, em que já não possui capacidade liberatória, mas o referido banco se encontra obrigado a recebê-la e a proceder ao respectivo pagamento (cf. Introdução § 15). Posto isto, *só quando a moeda não se encontre em nenhuma das duas situações descritas, poderá a correspondente alteração/transformação integrar o tipo legal da contrafacção de moeda.*
- Por fim, ainda que não relacionado com a contraposição dos crimes de contrafacção e de falsificação parcial, assinale-se o caso da moeda produzida no local onde se fabrica a moeda legítima – pelas mesmas pessoas e utilizando os mesmos moldes, chapas e matérias-primas –, *mas sem a autorização da entidade competente.* À luz do critério adoptado, também aqui se depara com um delito de contrafacção de moeda, punível nos termos do art. 262º-1 (cf. Introdução § 10).

b) Tipo subjectivo de ilícito

§ 22 Tal como se encontra desenhado na lei, quanto ao **tipo subjectivo** está-se perante um crime **doloso**, que não admite a punição a título de negligência (cf. arts. 262º-1 e 13º do CP). No presente domínio, só se observa, pois, o preenchimento da *fattispecie* quando o agente actue com dolo, em qualquer das suas modalidades (*directo, necessário* ou *eventual* – art. 14º do CP). Acresce que, ainda no tocante ao tipo subjectivo, se exige que à contrafacção de moeda presida o particular *animus* de a "pôr em circulação como legítima", circunstância que remete a infracção em apreço para a categoria dos chamados **delitos de intenção** (*Absichtsdelikte*). Como requisito da verificação do crime já não se mostra, contudo, necessário que à sua prática se encontre subjacente a intenção de obter uma vantagem patrimonial (= enriquecimento) ou de causar dano a outrem. Acrescente-se que àquela qualificação como "delito de intenção" corresponde, do prisma do tipo objectivo, a recondução da infracção em apreço à espécie dos **crimes de dupla-acção interrompidos** (*verkümmerte zweiaktige Verbrechen* – supra § 18).

§ 23 O quadro descrito no parágrafo anterior coincide com o modelo seguido em algumas legislações da actualidade para definir o conteúdo do ilícito jurídico-penalmente relevante da contrafacção de moeda (cf., p. ex., o § 146 I 1 do *StGB* alemão e o § 232 1 do *StGB* austríaco; diferentemente, prescindem do aludido *animus* de "colocação em circulação" e, por conseguinte, não atribuem à contrafacção de moeda a natureza de delito de intenção o art. 386 1º do CP espanhol e o art. 453 1 do CP italiano).

c) Formas especiais do crime

§ 24 Salvaguardadas as particularidades referidas no § 20, a **tentativa** de contrafacção de moeda subordina-se às regras gerais do art. 22º ss. do CP. Acrescente-se que, em virtude da diferente redacção do art. 24º do CP, ao contrário do que sucede na órbita do § 24 do *StGB* alemão, a figura do **arrependimento activo** assume plena relevância no presente domínio, *produzindo os seus efeitos mesmo depois de se verificar a consumação do delito.* Na verdade, a contrafacção de moeda constitui um crime de perigo (abstracto) em relação ao bem jurídico da integridade do sistema monetário oficial, cuja efectiva lesão só ocorre no momento em que se observa a "entrada em circulação" da moeda falsa. Ao invés, o delito de contrafacção consuma-se com a conclusão do fabrico da primeira moeda. Em conformidade, nos termos do nº 1 do art. 24º, o agente não será punido quando, não obstante haver consumado a contrafacção, impedir o "resultado" (não compreendido no tipo da contrafacção) da entrada em circulação da moeda contrafeita. Aliás, em virtude do disposto no nº 2 do art. 24º do CP, a exclusão da pena fundada num tal "arrependimento activo" pode ter lugar mesmo na hipótese de a entrada em circulação da moeda ser impedida por facto independente da conduta do desistente, *desde que se prove que este se esforçou seriamente por evitar semelhante resultado.*

Nas situações de **comparticipação**, de acordo com o art. 25º do CP, o que vem de assinalar-se vale mesmo no caso de, apesar do arrependimento activo do agente, os demais comparticipantes prosseguirem na execução do crime ou, inclusive, lograrem a respectiva consumação (sobre o direito alemão, negando relevância ao arrependimento activo, S / S / STERNBERG-LIEBEN[30] § 146 10; contra, atribuindo eficácia à figura na órbita do § 24 *StGB*, S / SCHRÖDER[17] § 146 9).

No tocante aos efeitos que da desistência da tentativa de **passagem** ou de **colocação em circulação** de moeda falsa derivam para o prévio delito de contrafacção, *quando cometido pelo mesmo autor dos dois primeiros crimes*, cf. infra §§ 36 e 49.

Sublinhe-se, por fim, que a exclusão da pena decorrente, no âmbito do crime de contrafacção de moeda, da desistência da tentativa (aí incluído o arrependimento activo) *não* afasta, por si só e de forma automática, a punição do agente pelos actos de "preparação da contrafacção" descritos no nº 1 do art. 271º. Em sintonia com o requisito da "voluntariedade" da desistência da tentativa (por todos, FIGUEIREDO DIAS, *PG* I[3], 29º Cap. § 36 ss.), essa uma consequência que depende da verificação dos pressupostos enunciados no nº 3 daquele último artigo (no mesmo sentido, de harmonia com o preceito análogo do § 149 II do *StGB* alemão, HERDEGEN, *LK*[10] § 146 30 e RUß, *LK*[12] § 146 30).

§ 25 Quanto à matéria da **comparticipação**, valem as regras gerais do art. 26º ss. do CP, que apenas terão de adequar-se à fenomenologia do delito de contrafacção de moeda.

§ 26 A disciplina comum do **concurso de crimes** não sofre desvios no presente domínio. Assinale-se, apenas, o *concurso aparente, legal ou de normas* verificável entre os tipos da contrafacção (art. 262º-1) e dos "actos preparatórios da contrafacção" (art. 271º-1), em que a primeira das incriminações consome a segunda (= consunção *pura*).

2. *"Passagem" de moeda falsa*

§ 27 Ao contrário do que sucedia no direito anterior, o CP de 1982 autonomizou as figuras da "colocação em circulação" e da "passagem" de moeda contrafeita, disciplina que as posteriores Reformas de 1995 (DL 48/95, de 15.III), de 1998 (L 65/98, de 2.IX) e de 2007 (L 59/2007, de 4.IX) deixaram intocada. A diferença dos dois delitos reside na boa ou má fé do destinatário da moeda, verificando-se o crime de "passagem" sempre que o último conheça a respectiva ilegitimidade. A distinção das duas situações justifica-se por inteiro: só quando a pessoa que recebe a moeda ignora a sua falsidade e a confunde com moeda legítima pode dizer-se que ela entra em circulação e, assim, ocorre a efectiva ofensa ao bem jurídico da integridade do sistema monetário oficial. Daí derivam importantes diferenças ao nível dogmático (sobre os pontos focados, supra Introdução § 22).

§ 28 De harmonia com os termos em que se procedeu à "extensão teleológica" da letra do nº 1 do art. 262º (supra § 7 ss.), no correspondente âmbito de previsão apenas cabe a passagem de moeda realizada pelo mesmo autor da contrafacção. Por outro lado, uma vez que constitui, a um tempo, o referente e o limite daquela extensão teleológica, não se estranhará que, também aqui, o desenho da figura da passagem de moeda falsa tenha, no essencial, de moldar-se por sobre o disposto no art. 265º-1. Em relação a este último, o particular condicionalismo do art. 262º-1 importará, todavia, algumas restrições (infra § 31).

a) Tipo objectivo de ilícito

§ 29 Dado que a lesão do bem jurídico da integridade do sistema monetário só se observa com a colocação em circulação da moeda contrafeita, a "passagem" constitui, na substância, um mero "acto preparatório". A sua consagração como delito autónomo comporta uma antecipação da tutela penal do mencionado bem jurídico, circunstância que faz dele um genuíno **crime de perigo**. A respectiva consumação não depende da prova de que, na concreta situação, ocorreu o risco efectivo de a moeda entrar em circulação, deparando-se com um crime de perigo **abstracto**. Por fim, a descontinuidade ou assimetria entre os correspondentes tipos objectivo e subjectivo, decorrente de se tratar de um "delito de intenção" (infra § 33), faz com que se esteja, do prisma do tipo objectivo, em face de um **crime de dupla-acção interrompido** (*verkümmertes zweiaktiges Verbrechen* (BINDING) – cf. supra Introdução § 21).

§ 30 De outra parte, trata-se de um **crime material** ou **de resultado**, que apenas se consuma quando a moeda falsa penetra na esfera de disponibilidade fáctica do destinatário. Ainda no que toca à conduta, está-se em face de um **delito de execução livre** ou **não-vinculada**; numa leitura conjugada dos arts. 10º-1 e 265º-1 do CP, desde que se cumpram os requisitos gerais da imputação objectiva, a passagem de moeda falsa pode verificar-se "por qualquer modo" que, de uma perspectiva *ex ante*, se mostre idóneo para produzir o "evento" da entrada das peças contrafeitas na esfera de disposição do destinatário (venda, doação, mútuo, etc.).

§ 31 Para que se esteja em face de um crime de passagem *consumado* exige-se, ademais, que a moeda falsa cumpra o requisito da "semelhança" com a moeda legítima, tal como se definiu, supra, Introdução § 17 s. Na falta de tal pressuposto, depara-se com uma situação de tentativa inidónea ou impossível, que deve subordinar-se ao regime estabelecido no art. 23º-3 do CP (a este propósito, cf. supra Introdução § 19).

§ 32 Um último ponto respeita ao facto de o art. 265º-1, entre os vários "modos" de passagem de moeda falsa, enunciar a simples **exposição à venda**. No quadro de uma caracterização do delito como um crime material ou de resultado, aquela exposição à venda constitui um simples acto preparatório, cuja punição talvez se justifique no caso de a passagem de moeda falsa ser realizada por pessoa diversa da que perpetrou a contrafacção (cf. infra Cap. IV). O mesmo não pode, contudo, dizer-se a propósito da passagem cometida pelo autor da contrafacção, contemplada no art. 262º-1. Dado que, nos termos da "extensão teleológica" a que foi submetida, esta disposição sanciona a contrafacção com uma pena idêntica à da passagem e à da colocação em circulação de moeda falsa, o alargamento da punição aos actos preparatórios dos dois últimos delitos carece, no presente contexto, de relevo prático. Na hipótese de "expor à venda" a moeda que contrafez, o agente sofrerá, por força do próprio de delito de contrafacção, uma pena de três a doze anos de prisão, não se mostrando necessário o estabelecimento de uma incriminação autónoma para a aludida "exposição à venda", como acto preparatório do crime de passagem de moeda. Aliás, já se assinalou (Introdução § 21) que a contrafacção e a passagem integram, quanto ao conteúdo, simples actos preparatórios da colocação em circulação de moeda falsa, circunstância que torna supérflua aquela incriminação autónoma de outros actos preparatórios *intermédios*, para além dos mencionados delitos de contrafacção e de passagem.

Tudo para concluir, em síntese, que, atento o particular condicionalismo do art. 262º-1, a sua **extensão teleológica** comporta, em relação ao disposto no art. 265º-1, uma **restrição consistente na exclusão da incriminação autónoma da "exposição à venda" de moeda falsa quando levada a cabo pelo próprio autor da contrafacção.** No presente domínio, a assinalada exposição à venda apenas releva para a prova do elemento subjectivo (supra § 22) e/ou a determinação da pena concreta do crime de contrafacção de moeda.

b) Tipo subjectivo de ilícito

§ 33 Quanto ao ponto em apreço, e tal como resulta da leitura conjugada dos arts. 265º-1 e 13º do CP – preceitos que, repita-se, delimitam o âmbito da extensão teleológica do nº 1 do art. 262º –, está-se perante um **crime doloso**, que não admite a punição a título de negligência. Por outro lado, embora o art. 265º-1 não o afirme de modo expresso, atento o facto de que se trata de um crime de perigo (supra § 29) e, assim, o objectivo subjacente à respectiva consagração radica numa "protecção antecipada" do bem jurídico da integridade do sistema monetário, parece de concluir, numa interpretação conforme ao espírito da lei, que, à semelhança da contrafacção (supra § 22), também a passagem constitui um **delito de intenção** (*Absichtsdelikt*), cuja consumação depende de o agente cometer os actos que o integram com o particular *animus* de que a moeda venha a ser posta em circulação como verdadeira. Aspecto que se traduz, do ângulo do tipo objectivo, no facto de a presente infracção integrar um **crime de dupla-acção interrompido** (*verkümmertes zweiaktiges Verbrechen* – supra § 29).

§ 34 O dolo tem de abranger todos os elementos do tipo objectivo e, assim, a **má fé do destinatário**. Que dizer, porém, se o último, ao contrário do que pensa o agente, ignora a falsidade da moeda? Dado que se reporta às características do sujeito passivo da infracção, trata-se de um *error in persona vel objecto* (erro sobre a pessoa ou o objecto). A figura não suscita dificuldades no caso de se verificar uma "identidade típica" entre os crimes projectado e consumado, hipótese em que a doutrina maioritária defende a punição pelo crime consumado *doloso* (Eduardo Correia I 397, Figueiredo Dias, *PG* I^3, 13º Cap. § 29 s.). A mesma convergência não se observa, contudo, quando se apresentem diversos os tipos legais correspondentes aos delitos projectado e consumado, situação para a qual já se avançaram várias construções: punição do agente, *ou* pelo crime consumado doloso (Costa Leite Lumbralles, *BFDC* XI 257, Beleza dos Santos, *Lições do direito criminal*, polic. (coligidas por A. Morais e Castro / F. Seabra) 1940-41 157-8, Marcello Caetano, *Lições de direito penal* 1939 272-3 e 276-7, e Cavaleiro de Ferreira, *Direito penal português. PG* I 1981 543-6), *ou* pelo crime projectado como se estivesse consumado (Eduardo Correia I 396 ss.), *ou*, na linha da opinião prevalecente na Alemanha, pelo concurso da tentativa do crime projectado com o crime consumado negligente (*solução concursal* – Figueiredo Dias, cit. 13º Cap. § 30). Esta última tende a ser hoje, também entre nós, a posição dominante.

Nenhuma das referidas concepções se afigura, todavia, procedente. A primeira, na medida em que envolve uma ficção do dolo, contraria os postulados do direito penal da «culpa». A segunda, ao comportar uma ficção da consumação, mostra-se inadmissível no quadro de um direito penal do «facto». A terceira traduz-se, ao nível dos casos concretos, na consagração de um método de solução de carácter "mecânico", insusceptível de exprimir o específico desvalor jurídico-criminal das condutas e que, no limite, conduz a resultados político-criminalmente insuportáveis; a tal propósito, basta pensar na hipótese de não se mostrar possível a punição do crime projectado por tentativa *e/ou* do consumado a título de negligência (em geral, no sentido exposto, CRISTINA LÍBANO MONTEIRO, *Do concurso de crimes ao concurso de ilícitos* 2015 253 s. e 244).

De acordo com a "solução concursal", a que vem de aludir-se, no tocante à situação acima referida – onde o agente quer praticar uma simples "passagem" e, porque erra sobre a má fé do destinatário, realiza uma "colocação em circulação" de moeda *não sancionável a título de negligência* (art. 13º CP) –, verificar-se-ia uma punição tão-só pela *tentativa de passagem de moeda falsa*. Quer dizer, perante um *idêntico desvalor de acção*, e apesar da produção do efectivo *desvalor de resultado* (= lesão da "integridade do sistema monetário" – cf. supra Introdução §§ 15 e 20), penalizar-se-ia o sujeito *menos severamente* do que na hipótese de consumar a pretendida "passagem", em que apenas colocaria em perigo o mencionado bem jurídico. O que constitui, no plano material, uma incongruência. Afirmação que não fica prejudicada pelo facto de a lei subordinar a passagem e a colocação em circulação de moeda falsa à mesma pena abstracta. Acrescente-se, por outro lado, que aquela aporia não deriva de uma qualquer particularidade dos tipos legais em apreço. De harmonia com o que se escreveu no parágrafo precedente, decorre antes do formalismo da própria "solução concursal", observando-se sempre que o delito consumado não seja punível por negligência.

A cabal superação das dificuldades exigiria revisitar a teoria do *error in persona vel objecto* e ensaiar uma nova construção geral sobre o tema. A tarefa excede, todavia, os limites do presente estudo. De seguida mantém-se, por isso, a posição defendida na primeira edição do *Com. Conimb. CP* II, que – perspectivando a questão do estrito ângulo da relação existente entre os delitos de passagem e colocação em circulação – quanto à situação em análise conclui no sentido da punição do agente pela prática de um crime consumado doloso de passagem de moeda contrafeita.

§ 35 Na verdade, pode dizer-se que o crime de colocação em circulação de moeda falsa constitui, em si mesmo, uma "passagem" de moeda, com a única diferença de o destinatário do acto se encontrar de boa fé.

Acresce que aquela primeira infracção consubstancia a lesão efectiva do bem jurídico e, nessa medida, compreende e "absorve" a colocação em perigo do mesmo, inerente ao delito de passagem. Do prisma do concreto projecto criminoso, ao colocar em circulação a moeda por força do erro em que se encontra, o agente produz um resultado que, embora ultrapasse, também engloba o específico desvalor intencionado pela conduta (*i. e.*, o "perigo" para o bem jurídico) e, assim, *consuma* o conteúdo de ilícito peculiar da passagem de moeda. O que se afirma constitui, aliás, uma simples decorrência da relação que, em geral, intercede entre qualquer crime de dano e o correspondente crime de perigo.

Posto isto, atenta a materialidade da situação, não parece adequada a solução decorrente da doutrina hoje maioritária, que assimila – repita-se – a hipótese controvertida ao concurso da tentativa do crime projectado com o delito consumado negligente. Dada a impunidade deste (art. 13º do CP), tal doutrina conduz, como se referiu, a um sancionamento tão-só baseado na mera tentativa de passagem de moeda falsa. Pelos motivos expostos, tendo em vista a substância do ilícito subjacente ao caso em apreço, afigura-se, pois, que a tese mais razoável consistirá, ao invés, na punição do arguido por um crime *doloso consumado* de passagem de moeda falsa (sobre a hipótese inversa, em que o agente erra sobre a má fé do destinatário e consuma, *não* a pretendida colocação em circulação da moeda, mas um delito de passagem, cf. infra § 48).

c) Formas especiais do crime

§ 36 Tal como a propósito de qualquer crime, também no tocante ao delito de passagem de moeda falsa pode falar-se de **tentativa**. Contudo, a particular circunstância de, no âmbito do nº 1 do art. 262º, ser o mesmo o autor da contrafacção da moeda e da subsequente tentativa de passagem retira, *do estrito ângulo da pena aplicável,* alcance prático àquela última figura (ao contrário do que sucede na hipótese de serem diversos os sujeitos activos dos dois crimes, regulada no art. 265º-1 – cf. infra Cap. IV). O facto de a pena cominada para a contrafacção consistir em prisão de três a doze anos e, assim, ultrapassar a sanção aplicável à tentativa de passagem (resultante do funcionamento da "atenuação especial" do art. 73º-1, als. *a)* e *b)*, nos termos do disposto no art. 23º-2, todos do CP), implica que, ao menos por força da regra da consunção *impura*, a situação em apreço tenha de punir-se sempre dentro da moldura penal abstracta estabelecida para o primeiro delito.

§ 37 Mas o regime da tentativa já assume importância do ponto de vista "negativo" da exclusão da responsabilidade, quando se verifiquem os pressupostos da chamada **desistência da tentativa**. Na verdade, esta depende do requisito da "voluntariedade", conceito que a doutrina identifica com o abandono espontâneo do concreto projecto criminoso (por todos, FIGUEIREDO DIAS, *PG* I^3, 29º Cap. § 36 ss.). No presente domínio, tal facto significa que o agente deixa de querer realizar a passagem de moeda falsa, o que, em certos casos, envolve o próprio abandono da intenção de que ela venha a entrar em circulação como verdadeira, exigida para a consumação dos delitos de contrafacção e de passagem (supra §§ 22 e 33). A observar-se esta situação, o sujeito activo impede a lesão do bem jurídico e, assim, um resultado não compreendido nos tipos legais da contrafacção e da passagem de moeda falsa. Numa palavra, depara-se com a hipótese de desistência da tentativa prevista na *parte final* do nº 1 do art. 24º do CP, que exclui a punição do agente, quer por tentativa de passagem, quer pelo prévio crime de contrafacção de moeda.

Atenta a circunstância de que a contrafacção e a passagem de moeda integram crimes de perigo que se encontram numa relação de continuidade dentro do processo conducente à lesão do bem jurídico, a idêntica solução se chega quando o autor de ambos os delitos haja consumado o último e, num momento posterior, venha a impedir a entrada da moeda em circulação. Trata-se de um caso de **arrependimento activo** que, de harmonia com a referida parte final do nº 1 do art. 24º do CP, afasta a punição do agente, não só pela passagem, mas também relativamente à própria contrafacção. Aliás, nos termos do nº 2 do art. 24º do CP, o mesmo tem de suceder se a entrada em circulação da moeda for impedida por facto independente da conduta do desistente, *desde que se prove que este se esforçou seriamente por evitar a produção de tal resultado.*

Ainda no tocante à desistência da tentativa (aí incluído o arrependimento activo), nas hipóteses de comparticipação vale o disposto no art. 25º do CP, que exclui a punição do agente que "(...) voluntariamente impedir a consumação ou a verificação do resultado (...)" ou "(...) se esforçar seriamente por impedir uma ou outra, ainda que os outros comparticipantes prossigam na execução do crime ou o consumem". Em função do exposto, de acordo com a teleologia subjacente ao regime da figura, em qualquer destes casos a desistência afasta o sancionamento, quer da passagem de moeda falsa, quer da respectiva (e prévia) contrafacção.

Por fim, quanto à punição do agente pelos actos de "preparação da contrafacção" previstos no nº 1 do art. 271º, vale tudo o que se afirmou supra § 24 *in fine.*

§ 38 Em matéria de **comparticipação** vigoram as regras gerais do art. 26º ss. Por outro lado, também a disciplina comum do **concurso de crimes** não sofre desvios no presente domínio. Sublinhe-se, tão-só, que o delito de passagem de moeda falsa, *quando consumado,* se encontra numa relação de concurso aparente, legal ou de normas com os tipos legais da contrafacção e dos "actos preparatórios da contrafacção" (art. 271º-1), consumindo (= consunção *pura*) estas últimas incriminações.

3. *"Colocação em circulação" de moeda falsa*

§ 39 Obedecendo à extensão teleológica da sua letra, atrás referenciada (§ 7 ss.), o art. 262º-1 apenas contempla a colocação em circulação de moeda realizada pelo autor da contrafacção. À semelhança do que se afirmou a propósito da "passagem" (§ 26), no presente contexto a modelação do crime de colocação em circulação de moeda falsa tem, no fundamental, de assentar na caracterização da figura constante do nº 1 do art. 265º. Contudo, a particularidade de ser o mesmo o sujeito activo da contrafacção e da colocação em circulação da moeda importa, também aqui, a introdução de excepções ao regime geral deste delito (infra § 43).

§ 40 Acerca da contraposição dos crimes de passagem e de colocação em circulação de moeda falsa, cf. supra § 27 e Introdução § 22.

a) Tipo objectivo de ilícito

§ 41 Coincidindo com o momento em que ocorre a lesão do bem jurídico da integridade do sistema monetário, a colocação em circulação de moeda falsa constitui um **crime de dano** (cf. Introdução § 20). Acresce que aquela ofensa ao bem jurídico só se observa quando a moeda entra efectivamente em circulação e, assim, com a verificação de um "evento" que, embora integre uma consequência da conduta do agente, se encontra para além dela. Tal circunstância converte a presente infracção num **crime material** ou **de resultado**. Por motivos óbvios (e ao contrário do que acontece a propósito da contrafacção/falsificação parcial e da passagem de moeda), não faz sentido falar aqui de um "crime de dupla-acção interrompido" (*verkümmertes zweiaktiges Verbrechen* – supra §§ 18, 22, 29 e 33).

§ 42 Na medida em que consubstancia um pressuposto indispensável da respectiva **consumação**, o esclarecimento do que se entenda por "entrada em circulação" da moeda falsa afigura-se essencial para a caracterização do delito. A resposta à questão há-de encontrar-se mediante um paralelismo com a moeda *legítima*.

Na verdade, integrando a última um meio de pagamento de uso corrente na vida social (sobre o conceito de moeda, cf. supra Introdução § 2 ss. esp. 4-6, 9-11 e 16), só poderá afirmar-se que a moeda contrafeita está em circulação quando se encontre "de facto" (não "de direito") na posição de funcionar como meio de pagamento e, por conseguinte, quando entre na esfera de disponibilidade (também "de facto") de uma pessoa que *a assuma como verdadeira*. Dito de outro modo: apenas poderá considerar-se que a moeda contrafeita se encontra em circulação quando, no plano funcional "de facto", se comporte de forma análoga à moeda legítima e, nessa medida, se "confunda" com ela no tráfego corrente. O conceito de entrada em circulação comporta, portanto, o duplo requisito de a moeda falsa penetrar na *esfera de disponibilidade fáctica de alguém* que, ademais, *a receba e/ou utilize na convicção errónea de que é verdadeira*.

Da verificação de tal "resultado" depende, em suma, a consumação do delito. Apesar das divergências de formulação, semelhante perspectiva corresponde, no fundo, a uma opinião hoje pacífica (cf. PINTO DE ALBUQUERQUE *Com. CP*[3] art. 265º 5 s., LEAL-HENRIQUES / SIMAS SANTOS IV[4] art. 265º 208 (a respeito do nº 2 do art. 265º) e, na literatura alemã, por todos, S / S / STERNBERG-LIEBEN[30] § 146 21 s. e STEIN, *SK*[9] § 146 16).

§ 43 No tocante à conduta, a colocação em circulação de moeda falsa integra um **crime de execução livre** ou **não-vinculada**. Não estabelecendo a lei especiais exigências a respeito do *modus operandi*, para o preenchimento do tipo basta que a actividade do agente se mostre idónea para produzir a entrada em circulação, *como verdadeira*, da moeda falsa e, assim, cumpra os requisitos gerais da imputação objectiva. A doutrina dominante reconduz a presente matéria aos quadros da chamada teoria da adequação (consagrada no art. 10º-1 do CP), ainda que acompanhada, segundo alguns, dos critérios correctores do "risco permitido", da "diminuição do risco", do "comportamento lícito alternativo" e do "âmbito de protecção da norma" (cf. EDUARDO CORREIA I 257 ss. e 289 ss., FIGUEIREDO DIAS, *PG* I[3], 12º Cap. § 11 ss. e 21 ss., e JESCHECK / WEIGEND[5] 284-9).

Em conformidade, terá de concluir-se no sentido da ocorrência de uma efectiva consumação, por exemplo, na hipótese de o autor da contrafacção usar a moeda como meio de pagamento num estabelecimento comercial ou a entregar num banco para depósito, câmbio ou troca por outras espécies de moeda corrente – desde que aceita, como legítima, pelos destinatários da operação; idêntica conclusão se impõe, ainda, nos casos de empréstimo, de entrega a outrem como garantia de uma prestação e, até, de venda ou cedência gratuita a um numismata, dado que este, embora não seja a situação mais provável, em qualquer altura pode usar a moeda como meio de pagamento (para uma enumeração de outras hipóteses possíveis, inteiramente aplicável ao direito português, cf., por todos, STEIN, *SK*[9] § 146 16).

Ao invés, já *não* parece envolver a consumação do crime o simples abandono de moeda contrafeita num lugar muito frequentado. Sem dúvida que aquele abandono torna a moeda acessível a outrem, que depois pode utilizá-la como meio de pagamento na vida corrente e, por consequência, integra uma conduta idónea ou adequada para produzir a consumação do delito. Contudo, enquanto não for apropriada ou apossada por alguém *que a tome por verdadeira*, a moeda contrafeita não se encontra na esfera de disponibilidade de um sujeito de direito, *i. e.*, situa-se fora da circulação que caracteriza, "de facto", o tráfego monetário, deparando-se, desde que cumpridos os correspondentes pressupostos subjectivos, com uma situação de *tentativa*. Conforme se referiu, o abandono só se converterá num delito consumado quando ocorra a entrada da moeda falsa na esfera de disposição "de facto" de uma pessoa *que a tome por verdadeira* (em sentido convergente já se pronunciava OSÓRIO II 297; contra, S / S / STERNBERG-LIEBEN[30] § 146 21, HAUSER, *NStZ* 88 453, JAKOBS, *JR* 88 122, e PRITTWITZ, *NStZ* 89 10).

§ 44 O nº 1 do art. 265º enuncia como um dos "modos" de colocação em circulação de moeda contrafeita a sua **exposição à venda**, conduta que, em função da extensão teleológica do art. 262º, também pareceria dever integrar aquele crime quando realizado pelo autor da contrafacção. Atenta a natureza das coisas, o problema só se coloca no tocante a *moeda estrangeira* e a *moeda nacional* que, apesar de possuir curso legal, usufrui, devido ao correspondente interesse coleccionista, de um *preço de mercado superior ao valor facial* (*v. g.*, "moedas comemorativas" ou moedas correntes de um determinado ano de fabrico). O mesmo não sucede, todavia, na eventualidade de se tratar de moeda portuguesa corrente sem qualquer relevo numismático: a sua exposição à venda tem, por motivos óbvios, de ser acompanhada da prática de preços inferiores ao respectivo valor facial, circunstância que, pelo absurdo que envolve, afasta a possibilidade de se falar de boa fé do destinatário acerca da legitimidade da moeda, enquanto nota característica do delito de colocação em circulação de moeda falsa (cf. Introdução § 22).

Mesmo com a limitação a que vem de aludir-se, ao tipo objectivo em apreço parecem, contudo, de aplicar as considerações expendidas, supra § 32, a propósito do delito de "passagem" de moeda falsa. Também aqui a extensão teleológica do nº 1 do art. 262º comporta, por isso, uma restrição do disposto no nº 1 do art. 265º, consistente na exclusão da incriminação autónoma da simples exposição à venda de moeda ilegítima. No presente domínio, a relevância de tal conduta restringe-se à prova do elemento subjectivo e à determinação da pena concreta do crime de contrafacção de moeda previamente cometido pelo agente.

§ 45 Assinale-se, por último, que só se depara com um delito *consumado* de colocação em circulação de moeda falsa quando esta se mostre susceptível de confundir-se com a moeda legítima no tráfego corrente, *i. e.*, cumpra o mencionado requisito da **semelhança** (supra Introdução § 17 s.) e, em consequência, venha a ser aceita, como legítima, pelo destinatário (supra § 41 s.). Ora, por referência àquele pressuposto da "semelhança", podem prefigurar-se *três* situações:

– a primeira verifica-se quando a moeda, apesar de possuir um grau de semelhança susceptível de enganar a generalidade das pessoas, não consegue ludibriar o *concreto* destinatário (*v. g.*, devido aos seus especiais conhecimentos, experiência, cuidado ou atenção); neste caso, tratando-se de uma conduta "adequada" que não atinge o resultado por motivo estranho à vontade do agente, encontram-se preenchidos os requisitos objectivos da **tentativa idónea punível**, nos termos do art. 22º ss. do CP;

- a segunda hipótese traduz-se em a moeda falsa não satisfazer o aludido requisito geral da "semelhança", não sendo aceita, como legítima, pelo sujeito passivo da infracção; depara-se, então, com uma **tentativa inidónea** de colocação em circulação de moeda ilegítima, **não punível** por força do carácter *manifesto* da inaptidão do meio empregado (art. 23º-3 do CP), salvaguardando-se, contudo, a possibilidade de se sancionar o agente pela prévia **tentativa (idónea ou inidónea) de contrafacção de moeda**, quando se observe o quadro descrito supra § 20;
- por fim, considere-se a eventualidade de, embora a moeda contrafeita não cumprir o referido pressuposto da "semelhança", o destinatário (devido a uma excepcionalíssima ignorância, distracção ou fragilidade intelectual), a aceitar como verdadeira; no presente contexto não pode falar-se, *nem* de lesão do bem jurídico da integridade do sistema monetário, *nem*, sequer, do "perigo" dessa lesão, fundamentador de uma punição a título de tentativa, uma vez que a ilegitimidade da moeda se afigura evidente e, portanto, logo detectável na primeira utilização que o destinatário faça da mesma; não estando, pois, em causa a violação do bem jurídico dos crimes de moeda falsa, a aceitação errónea da última como verdadeira apenas envolve a ofensa ao património do destinatário (ou de terceiro), circunstância que implica a assimilação da conduta do agente aos quadros da **burla** (art. 217º ss.), desde que se verifiquem os restantes requisitos da figura.

b) Tipo subjectivo de ilícito

§ 46 De acordo com o disposto nos arts. 265º-1 e 13º do CP – preceitos que delimitam o âmbito da extensão teleológica do nº 1 do art. 262º –, a colocação em circulação de moeda falsa constitui um **crime doloso**, não admitindo a punição a título de negligência. Aquele dolo – que pode assumir a natureza de dolo *directo*, *necessário* ou *eventual* – não tem de existir desde o momento em que o agente procede à contrafacção da moeda e, assim, de encontrar-se numa linha de ininterrupta continuidade temporal com a "intenção de a pôr em circulação como legítima", que, nos termos do art. 262º-1, constitui um pressuposto subjectivo dos crimes de contrafacção e de passagem de moeda, fazendo deles "delitos de intenção" e de "dupla-acção interrompidos" (supra §§ 16, 20, 27 e 31). Ainda que, no momento em que está a fabricar a moeda falsa, o agente não tenha a intenção de a pôr em circulação como legítima, ele preencherá o crime se, mais tarde, mudar de opinião e decidir realizar tal projecto ou, pelo menos, praticar actos de que seja "possível" decorrer a entrada em circulação da moeda, conformando-se com a verificação de semelhante resultado (= *dolo eventual* - art. 14º-3 do CP). A autonomia das duas figuras-de-delito (*i. e.*, da "contrafacção de moeda" e da "colocação em circulação de moeda falsa") impede que possa falar-se, aqui, de um qualquer *dolus subsequens* (na base de um texto legal que difere do nosso, defendendo a opinião oposta, ZIELINSKI, *JZ* 1973 195, HERDEGEN, *LK*[10] § 146 3, S / S / STERNBERG-LIEBEN[30] § 146 23; contra, em sentido análogo ao exposto, STEIN, *SK*[9] § 146 15, FISCHER[66] § 146 22-3 e LACKNER / KÜHL[28] § 146 9).

§ 47 Ao contrário da contrafacção de moeda, o crime de colocação em circulação de moeda falsa **não** se apresenta como um **delito de intenção**, cuja perfeição dependa da ocorrência de um especial *animus* do agente (*v. g.*, de enriquecimento ou de causar prejuízo a outrem), para além do conhecimento e vontade de realização do tipo objectivo. Perspectivadas as coisas do prisma deste último, o que se afirma concretiza-se no facto de a execução do crime poder assumir a forma de uma doação (supra § 43). Ao nível do tipo subjectivo, a infracção esgota-se, pois, com o simples dolo de colocar a moeda contrafeita em circulação.

§ 48 Enquanto elemento caracterizador do crime de colocação em circulação de moeda contrafeita, o dolo tem de abranger a boa fé do destinatário. Quando o último, ao contrário do que o agente pensa, conhece a falsidade da moeda, está-se perante uma situação de **erro sobre a pessoa ou o objecto**, de sentido inverso à que se referiu supra § 34. Também aqui se observa a falta de "identidade típica" entre os delitos projectado e consumado: o sujeito activo da infracção pretende colocar a moeda em circulação e, porque ignora a má fé do destinatário, acaba por consumar uma simples passagem de moeda falsa. De acordo com a doutrina dominante (supra § 34), tal hipótese deveria, em princípio, sancionar-se no quadro do concurso da tentativa do crime projectado (= "colocação em circulação") com o delito consumado negligente (= "passagem"). Dado, porém, que, nos termos do art. 13º do CP, aquele último não se apresenta punível a título de negligência, o agente só seria jurídico-penalmente responsabilizado pela prática de uma tentativa de colocação em circulação de moeda contrafeita.

À semelhança do que se escreveu a propósito do problema que, de modo paralelo, se suscita na órbita do crime de passagem de moeda falsa, não se pretende analisar, em tese geral, a disciplina do erro sobre a pessoa ou o objecto. Atentas as características da situação, e ainda que por razões diversas das assinaladas no § 34, também aqui a solução mais razoável parece residir na punição do agente pela prática de um crime *doloso consumado* de passagem de moeda falsa.

Com efeito, pode dizer-se que o "dolo de colocar em circulação a moeda falsa", *i. e.*, o "dolo de lesão do bem jurídico" compreende ou *recobre* todo o tipo subjectivo do crime de passagem de moeda falsa e, assim, não só o "dolo de perigo" em que se esgota o "dolo de passagem da moeda", mas ainda a especial "intenção" de que a moeda venha a entrar em circulação, exigida para a perfeição do delito (supra § 33). Por outras palavras, o dolo do agente (= dolo de lesão do bem jurídico), ao mesmo tempo que ultrapassa, também engloba o resultado efectivamente ocorrido (= perigo), circunstância que faz com que, na situação em apreço, se cumpra o conteúdo de desvalor característico do ilícito-típico doloso do crime de passagem de moeda falsa. No presente contexto, a punição do arguido a título de simples tentativa de colocação em circulação de moeda falsa, para que aponta a assinalada doutrina dominante, afigura-se inaceitável: pelas razões expostas, ela significaria sancionar de forma menos severa uma hipótese que, atento o tipo subjectivo, se apresenta mais grave do que o caso normal da consumação do delito de passagem de moeda falsa.

c) Formas especiais do crime

§ 49 Quanto à **tentativa**, exceptuadas as particularidades referidas, supra § 45, funcionam as regras gerais do art. 22º ss. Acresce que, com as necessárias adaptações, valem aqui, por inteiro, as considerações desenvolvidas, supra, § 36. A circunstância de ser o mesmo o autor da contrafacção da moeda e da sua posterior colocação em circulação, aliada ao facto de a nossa lei estabelecer uma idêntica moldura penal abstracta para ambos os crimes, implica que, do prisma da sanção aplicável, a figura da tentativa careça de relevância prática. Ao menos por força da regra da consunção *impura*, o agente será sempre punido no quadro da moldura penal de três a doze anos de prisão, correspondente ao crime consumado de contrafacção de moeda que antes cometeu.

§ 50 No que concerne à **desistência da tentativa** (aí incluído o **arrependimento activo**), vale o regime comum dos arts. 24º e 25º do CP. Sublinhe-se, apenas, que, à semelhança do que se afirmou a propósito do crime de passagem de moeda falsa, a *desistência* da tentativa de colocação em circulação parece implicar, em qualquer das suas modalidades, a impunidade, não só da tentativa de colocação em circulação, *mas também do delito de contrafacção de moeda previamente consumado pelo mesmo agente* (a este propósito, cf., com as necessárias adaptações, supra § 37). Por fim, no tocante aos actos de "preparação da contrafacção" previstos no nº 1 do art. 271º, aplica-se tudo o que se escreveu, supra, § 24 *in fine*.

§ 51 No presente âmbito, a disciplina geral da **comparticipação**, prevista nos arts. 26º ss., não sofre desvios. Quanto ao **concurso de crimes**, observa-se um *concurso aparente, legal ou de normas* entre a colocação em circulação de moeda falsa *consumada* e os tipos legais da contrafacção e dos "actos preparatórios da contrafacção" (art. 271º-1), em que a primeira das incriminações consome (= consunção *pura*) qualquer uma das últimas.

§ 52 Ainda a propósito da matéria do **concurso de crimes**, mais problemática se revela a relação entre os tipos legais de colocação em circulação de moeda falsa e de **burla** (art. 217º ss.). A respeito das situações subsumíveis a ambas as figuras-de-delito, a jurisprudência dos nossos tribunais superiores divide-se por duas posições, consistentes na sua recondução aos quadros de um concurso *efectivo* (Ac. do STJ de 11.X.1983, *BMJ* 330º 385, e Ac. do TRP de 28.X.1984, *CJ* IX (5) 280) ou de um concurso *aparente, legal* ou de *normas*, a resolver segundo as regras da consunção (Ac. do STJ de 15.VI.1986, *BMJ* 358º 267, e Ac. do STJ de 15.III.1989, *BMJ* 385º 331).

Conforme se referiu, o crime de colocação em circulação traduz-se na prática de actos de que resulta, como consequência adequada, a entrada da moeda falsa na esfera de disposição "de facto" de outra pessoa, que a recebe na convicção *errónea* de que é verdadeira (supra § 42 s.). Dizer isto equivale, porém, a aceitar que a execução do crime passa pela indução em erro do destinatário *através* de meios que, por definição, subjazem ao crime de burla. Numa primeira abordagem, tal circunstância aponta, desde logo, para a conclusão de que, sempre que um caso concreto se mostre, em simultâneo, recondutível aos tipos legais da burla e da colocação em circulação de moeda falsa, se está perante um *concurso aparente* ou *de normas* – mais precisamente, perante uma hipótese em que a primeira incriminação é consumida (= consunção *pura*) pela segunda. A isso parece aconselhar a própria relação entre os bens jurídicos em causa: ao instituir a "integridade" ou "intangibilidade do sistema monetário legal ou oficial" como bem jurídico dos crimes de moeda falsa, o legislador estabeleceu uma espécie de "guarda avançada" ou "protecção de largo espectro" em relação a um conjunto indiscriminado de outros bens jurídico-penais – entre os quais se conta o património –, cuja lesão (ou perigo de lesão) se apresenta intimamente associada aos aludidos delitos de moeda falsa (cf. supra Introdução § 15 s.). Até pela gravidade da pena constante do art. 262º-1 – muito mais severa do que a consagrada para a burla (arts. 217º e 218º) –, a teleologia da lei aponta, de modo inequívoco, no sentido de que a incriminação da colocação em circulação de moeda contrafeita esgota o conteúdo da tutela penal conferida àqueles outros bens jurídicos e, portanto, ao património, sempre que a sua ofensa decorra e, nessa medida, se "confunda" com a entrada da moeda falsa no tráfego monetário corrente, verificando-se uma situação típica de consunção *pura*.

Contra, poder-se-ia argumentar que a colocação em circulação de moeda falsa não leva implicada, de forma necessária, uma lesão do património (*v. g.*, nas hipóteses de doação – cf. supra § 43), circunstância que afastaria a aludida "sobreposição" com a esfera de tutela do tipo legal da burla, pressuposta na figura da consunção pura. Semelhante ponto de vista assentaria, contudo, num equívoco. No âmbito do concurso aparente ou de normas, ao contrário da "especialidade", que constitui uma relação formal, estabelecida em moldes gerais e abstractos entre dois preceitos, a consunção (pura) consubstancia uma relação material entre os conteúdos de protecção de certos tipos legais a propósito de situações *concretas*, em termos de um deles esgotar o âmbito de tutela conferido às últimas pelo ordenamento jurídico-penal. Ora, se assim é, já se verificou que, não só a defesa da "intangibilidade" ou "integridade do sistema monetário legal" visa a protecção mediata, entre outros, do bem jurídico do património, mas também a consumação do crime de colocação em circulação de moeda contrafeita envolve a indução em erro do sujeito passivo através dos mesmos meios que presidem à execução da burla. Numa palavra, sempre que afecte o património, o crime de colocação em circulação de moeda falsa esgota-se numa burla realizada através de uma ofensa à integridade do sistema monetário, deparando-se com a mencionada "sobreposição" das esferas de tutela dos dois preceitos, característica da figura da consunção. E de uma consunção que, atenta a teleologia da lei, em particular a autonomização do domínio monetário como núcleo de protecção penal "intensificada", só pode resolver-se a favor do delito de colocação em circulação de moeda contrafeita, com o consequente afastamento (= consunção *pura*) da incriminação a título de burla (em sentido análogo, a propósito do direito germânico, DREHER, *JR* 1978 46-9, STEIN / ONUSSEIT, *JuS* 1980 104, e STEIN, *SK*[9] § 146 23; contra, HERDEGEN, *LK*[10] § 146 31, KIENAPFEL, *JR* 1984 161-3, e S / S / STERNBERG-LIEBEN[30] § 146 29).

A concepção adoptada só não se aplicará quando se trate de moeda que, por qualquer motivo (*v. g.*, joalheiro ou coleccionista), possua um valor de mercado superior ao facial. Assim acontece, por exemplo, no tocante a moedas correntes de certo ano de fabrico e a moedas comemorativas. Neste caso, está em jogo um valor "extra-monetário" e, por conseguinte, um prejuízo patrimonial que extravasa o âmbito de protecção do tipo legal em apreço, observando-se o *concurso real* dos crimes de "colocação em circulação de moeda falsa" e de "burla", desde que se encontrem preenchidos os requisitos desta última figura-de-delito (o que não sucederá na hipótese de cedência da moeda *a título gratuito*). O regime exposto também vale quando se trate de *moeda de metal nobre* e a peça contrafeita (*i. e.*, o metal nela incorporado) revista um valor *inferior* ao da correspondente moeda *legítima* – situação igualmente abrangida na esfera de previsão do art. 262º-1 (cf. supra § 3).

D. Breve referência ao nº 2 do art. 262º

§ 53 O nº 2 do art. 262º contempla as hipóteses de falsificação *parcial* de moeda legítima, em que se verifica o *aumento* do respectivo valor *facial* (para uma primeira delimitação do conteúdo do preceito, confrontando-o com o disposto nos arts. 262º-1 e 263º, ver supra §§ 1 e 3).

§ 54 Sobre os casos de "fronteira" entre a contrafacção (= falsificação *total*) e a falsificação *parcial* de moeda, cf. supra § 21.

§ 55 Tal como se referiu a propósito do nº 1, também o nº 2 do art. 262º deve ser objecto de uma "correcção" ou "extensão teleológica", que alargue o seu âmbito à "passagem" e à "colocação em circulação" de moeda legítima falsificada nos termos descritos supra § 53, *quando (e só quando) realizadas pelo mesmo autor da falsificação*. No presente contexto, impõe-se, de idêntico modo, o tratamento dogmático autónomo do crime de "falsificação parcial" de moeda e, bem assim, dos delitos de "passagem" e "colocação em circulação" de moeda parcialmente falsificada (supra §§ 14-16).

§ 56 Por razões de economia expositiva, não se procederá à análise detalhada de cada uma daquelas infracções. Com as necessárias adaptações, o que se escreveu sobre a contrafacção, a passagem e a colocação em circulação de moeda *contrafeita* aplica-se, por inteiro, às situações agora em apreço. Assim acontece, desde logo, a respeito da qualificação dos correspondentes tipos "objectivos" e "subjectivos" (supra §§ 18, 21-23, 29-30, 33, 41-43 e 46-47), da exclusão da "exposição à venda" como modalidade de passagem ou de colocação em circulação de moeda parcialmente falsificada (supra §§ 32 e 44) e, ainda no concernente a estes dois delitos, a propósito do "erro sobre a pessoa ou o objecto" consistente na ignorância, pelo agente, da boa ou má fé do destinatário da moeda (supra §§ 34 e 48). O mesmo se diga no tocante à exigência da "semelhança" da moeda falsificada em relação à legítima e ao regime aplicável na hipótese de não se verificar tal requisito (supra §§ 19-20, 31 e 45 e Introdução §§ 17-19); quanto a este ponto, embora o problema do "objecto da acção" do crime de falsificação *parcial* de moeda se equacione de modo diverso, a conclusão constante da parte final do § 20 (*i. e.*, no sentido da irrelevância da figura da tentativa impossível *por inexistência de objecto*) também vale para o presente domínio: excluída a situação de a moeda falsificada *não* ser legítima, hipótese que deverá tratar-se no quadro do delito de *contrafacção* do nº 1 do art. 262º (supra § 21), tudo se resume a saber se o objecto em causa se mostra, de uma perspectiva *ex ante*, adequado para servir de base a uma falsificação parcial de moeda susceptível de entrar em circulação, circunstância que remete a questão para a órbita da tentativa inidónea *por inaptidão do meio empregado*. Por fim, no que concerne à falsificação parcial de moeda e às subsequentes passagem e colocação em circulação, aplica-se tudo o que, em geral, se escreveu acerca da "tentativa" e da "desistência da tentativa" no caso de se tratar de moeda *contrafeita*; em particular, quanto aos efeitos da desistência da tentativa de passagem ou de colocação em circulação sobre o prévio delito de contrafacção, que também valem para o crime de falsificação parcial de moeda (supra §§ 24, 36-37 e 49-50).

Capítulo II
Depreciação do Valor de Moeda Metálica (art. 263º do CP*)

A. Considerações preliminares: sentido e alcance do art. 263º

§ 1 O preceito reproduz, com ligeiras alterações respeitantes à forma e ao montante da pena de multa cominada, o disposto no art. 238º da redacção originária do CP de 1982, que, por sua vez, correspondia ao art. 288º do ProjPE de 1966 (cf. *Actas 1979* 251 ss.). No essencial, as incriminações em causa constavam já dos nºs 1º e 2º do art. 208º do CP de 1886. Por força das alterações introduzidas no art. 11º CP pela L 59/2007, de 4.IX, a responsabilização jurídico-criminal relativa à infracção em apreço passou a estender-se às **pessoas colectivas, sociedades civis e associações de facto** (art. 11º, nºs 2 e 5).

* Artigo 263º do CP:

1. Quem, com intenção de a pôr em circulação como íntegra, depreciar moeda metálica legítima, diminuindo por qualquer modo o seu valor, é punido com pena de prisão até 2 anos ou com pena de multa até 240 dias.
2. Com a mesma pena é punido quem, sem autorização legal e com intenção de a passar ou pôr em circulação, fabricar moeda metálica com o mesmo ou com maior valor que o da legítima.
3. A tentativa é punível.

§ 2 Ao contrário do que indicia a sua epígrafe, o presente artigo não se limita a tipificar o delito de **depreciação do valor de moeda metálica legítima** (nº 1), contemplando, ademais, uma incriminação autónoma da **contrafacção de moeda metálica de valor *igual* ou *superior* ao da correspondente moeda legítima** (nº 2). Tal circunstância suscita alguns problemas quanto à demarcação da fronteira entre os arts. 262º e 263º (supra Cap. I § 3 e infra §§ 3-4).

§ 3 Por motivos óbvios, o disposto no art. 263º restringe-se à moeda que conste de *metal nobre* (platina, ouro ou prata). Na verdade, quando se trate de moeda corrente, o diminuto valor da liga metálica que a incorpora retira todo o alcance prático ao nº 1 do preceito. Acresce que, por referência ao nº 1 do art. 262º, é também esse o único significado possível do nº 2 da norma em análise: ainda aqui, o reduzido valor da liga metálica das moedas correntes faz com que a diferença de punição consoante as peças falsas possuam valor *igual* ou *superior* (= prisão até dois anos *ou* multa até duzentos e quarenta dias – art. 263º-2) ou, pelo contrário, *inferior* (= prisão de três a doze anos – art. 262º-1) ao da moeda legítima – "a justificar-se" (?) – só tenha sentido quando esteja em causa moeda de metal nobre.

Posto isto, no confronto com o art. 262º, o art. 263º abrange:

- no nº 1, a diminuição do valor real ou intrínseco (= depreciação) de moeda legítima de *metal nobre*;
- no nº 2, a contrafacção de moeda de *metal nobre*, se as peças falsas possuírem um *valor igual* ou *superior* ao da correspondente moeda legítima; na hipótese inversa, quando incorporem um valor *inferior* ao da moeda verdadeira, a conduta enquadra-se no nº 1 do art. 262º (cf. Cap. I § 3 *in fine*).

§ 4 Já se salientou (supra Cap. I § 3) que a disciplina do art. 263º constitui uma reminiscência da velha concepção da moeda-mercadoria, não tendo, nos estritos moldes em que está consagrada, justificação no contexto dos sistemas monetários contemporâneos. Na órbita dos últimos, a relevância de toda a moeda e, assim, da que conste de metal nobre restringe-se ao valor facial que se lhe encontra atribuído. Do prisma do bem jurídico da integridade do sistema monetário, a sua falsificação (total ou parcial) assume, por isso, um conteúdo de ilícito idêntico ao das situações em que se trate de qualquer outra espécie monetária, não existindo fundamento para a respectiva subordinação a um regime diverso.

O que se afirma aplica-se, desde logo, ao crime de contrafacção previsto no nº 2 do art. 263º. À semelhança do que sucede a propósito das moedas com um valor de mercado superior ao facial, o valor intrínseco da moeda de metal nobre consubstancia, na essência, uma realidade "extra-monetária", *i. e.*, prende-se com a moeda, *não* enquanto simples meio de pagamento, mas na veste de "objecto" de interesse joalheiro ou coleccionista. Na parte em que afecta interesses dessa natureza, a contrafacção de moeda de metal nobre apenas contende com o bem jurídico do *património* – concretamente, envolve o perigo de lesão do património dos potenciais compradores que, pagando um preço que ultrapassa o valor facial e corresponde a um valor extra-monetário *fictício*, a venham a adquirir na convicção errónea da respectiva genuinidade (confirmando tal relação com o bem jurídico do património, cf. o teor geral da exposição de BELEZA DOS SANTOS, *RLJ* 65º 322-4 e 338-40). Exceptuado este aspecto, e perspectivada do estrito ângulo do bem jurídico dos crimes de moeda falsa, a aludida contrafacção integra o conteúdo de ilícito subjacente à *fattispecie* do nº 1 do art. 262º, não se encontrando justificação para o regime especial do nº 2 do art. 263º.

Mutatis mutandis, o mesmo acontece no tocante à depreciação de moeda legítima de metal nobre, consagrada no nº 1 do art. 263º. Pondo de lado os danos provocados no valor joalheiro ou coleccionista das peças em causa, que lesam o património dos eventuais adquirentes e nada têm a ver com o sistema monetário propriamente dito, o problema deixa de ser exclusivo da moeda de metal nobre e passa a residir em saber se a "mutilação" de *qualquer moeda* (metálica ou de papel) deve ou não subordinar-se a uma punição jurídico-criminal. Como decorre dos trabalhos preparatórios (cf. *Actas 1979* 252-3 e *Actas 1993* 306-7 e 313 – estas últimas a remeterem para BELEZA DOS SANTOS, *RLJ* 65º 337-8), não foi, todavia, aquela a questão que presidiu à introdução do nº 1 do art. 263º, cuja filosofia parece antes traduzir, nos termos expostos, uma excrescência do velho conceito de moeda-mercadoria, inadmissível no âmbito dos sistemas monetários da actualidade.

Tudo para concluir que, tal como se encontram enunciados, os nºs 1 e 2 do art. 263º devem desaparecer em futura reforma legislativa. Até esse momento, a interpretação mais razoável parece consistir em atribuir-lhes o sentido assinalado supra § 3. Cumpre, todavia, proceder a um esclarecimento adicional quanto ao alcance do preceito em análise.

§ 5 Na verdade, atenta a relação entre as molduras penais estabelecidas nos arts. 263º e 265º, nº 1, als. *b)* e *c)*, no presente domínio aplicam-se, com as necessárias adaptações, as considerações desenvolvidas para fundamentar a **extensão teleológica** do art. 262º (supra Cap. I § 7 ss.). Em conformidade, entende-se que, no quadro de uma semelhante extensão teleológica, os nºs 1 e 2 do art. 263º contemplam, além da depreciação e da contrafacção de moeda de metal nobre, as subsequentes "passagem" ou "colocação em circulação" *quando (e só quando) realizadas pelo mesmo autor das primeiras.*

B. Análise do nº 1 do art. 263º

a) Tipo objectivo de ilícito

§ 6 Por referência ao bem jurídico da integridade ou intangibilidade do sistema monetário oficial (supra Introdução § 15 ss.), cuja lesão apenas ocorre com a entrada em circulação da moeda, a **depreciação** de moeda metálica constitui um **crime de perigo abstracto**. De outra parte, quanto ao "objecto da acção", integra um **delito material** ou **de resultado**, que só se consuma com a verificação da efectiva depreciação de uma moeda metálica *legítima*. Por fim, a descontinuidade ou assimetria entre os correspondentes tipos objectivo e subjectivo, decorrente de se tratar de um "delito de intenção" (infra § 11), faz com que se esteja, do prisma do tipo objectivo, em face de um **crime de dupla-acção interrompido** (*verkümmertes zweiaktiges Verbrechen* (BINDING) – cf. supra Introdução § 21).

§ 7 No tocante à conduta, trata-se de um **crime de execução livre** ou **não-vinculada**. Para a perfeição do delito basta que a actividade do agente se mostre idónea para produzir a diminuição do valor *real* da moeda (*i. e., do metal nobre nela incorporado*). A título exemplificativo, o *modus operandi* pode consistir em cerceio, limagem, substituição do metal por outro menos valioso ou utilização de processos químicos. Desde que se verifique o aludido resultado, qualquer das mencionadas operações preenche o tipo legal do nº 1 do art. 263º (a este propósito, cf. Osório II 305, Beleza dos Santos, *RLJ* 65º 306 ss., Maia Gonçalves[18] art. 263º 2 e Leal-Henriques / Simas Santos IV[4] art. 263º 198).

§ 8 Acresce que, para se estar perante um crime **consumado**, mostra-se necessário que a moeda depreciada possa confundir-se com a moeda intacta no tráfego corrente e, nessa medida, cumpra o requisito da **semelhança**, tal como se definiu supra Introdução § 17 s. Na hipótese de não se encontrar preenchido aquele pressuposto, depara-se, consoante os casos, com uma **tentativa idónea ou inidónea** (cuja punibilidade se encontra prevista nº 3 do art. 263º), aplicando-se, com as necessárias adaptações, o exposto supra Cap. I § 20.

§ 9 Já se sublinhou que o art. 263º-1 também abrange a incriminação da **passagem** de moeda depreciada, quando cometida pelo próprio autor da depreciação (supra § 5; sobre o conceito de "passagem", supra Introdução § 22 e Cap. I § 27). A propósito do tipo *objectivo* deste delito vale tudo o que, em geral, se escreveu no Cap. I (§ 29 ss.). Trata-se, não só de um crime de **perigo abstracto**, mas ainda de um delito **material** ou **de resultado**, que apenas se consuma quando a moeda depreciada entra na esfera de disponibilidade fáctica do destinatário. No tocante à conduta, depara-se com um crime de **execução livre** ou **não-vinculada**; pelas razões indicadas supra Cap. I § 32, entre os vários "modos" que pode assumir a passagem de moeda depreciada cometida pelo autor da depreciação *não* se conta a **exposição à venda**, enunciada no nº 1 do art. 265º. Por fim, a moeda em causa tem de satisfazer o requisito da **semelhança** com a moeda intacta; atento o estabelecido no nº 3 do art. 263º, na falta de tal pressuposto a situação deverá subordinar-se ao regime da tentativa inidónea ou impossível, nos termos mencionados, supra, Introdução § 19 e Cap. I § 31.

§ 10 A aludida extensão teleológica do nº 1 do art. 263º (supra § 5) importa que no seu âmbito caiba, igualmente, a **colocação em circulação** de moeda depreciada, desde que realizada pelo autor da depreciação. Do prisma do bem jurídico da integridade do sistema monetário, constitui um crime de **dano**. A respectiva consumação só se observa com o "evento" da entrada da moeda na esfera de disponibilidade fáctica de um destinatário de boa fé, circunstância que faz com que se esteja perante um delito **material** ou **de resultado** (acerca dos pontos focados, supra Cap. I § 41 s.). Quanto à conduta, a colocação em circulação de moeda depreciada consubstancia um crime de **execução livre** ou **não-vinculada**; tal como se referiu a propósito da "passagem" de moeda, também aqui a **exposição à venda** *não* integra a figura-de-delito em apreço (supra Cap. I § 43 s.). Por último, no que concerne às hipóteses em que a moeda depreciada não cumpre a exigência da **semelhança** com a moeda intacta, parecem de autonomizar as três situações-tipos descritas, supra, Cap. I § 45, aplicando-se as soluções aí consagradas.

b) Tipo subjectivo de ilícito

§ 11 Da conjugação dos arts. 263º-1 e 13º do CP decorre que a **depreciação** de moeda metálica representa um crime **doloso**, que não admite a punição a título de negligência. Tal dolo pode assumir a natureza de dolo *directo*, *necessário* ou *eventual* (art. 14º do CP). Por outro lado, trata-se de um **delito de intenção**, que só se verifica quando à realização do tipo objectivo esteja subjacente o *animus* de que a moeda depreciada venha a entrar em circulação. Para a perfeição do delito já não se exige, contudo, qualquer intenção de enriquecimento ou de causar prejuízo a outrem. Acresce que, conforme se assinalou, aquela qualificação como "delito de intenção" se traduz, do ângulo do tipo objectivo, no facto de a presente infracção integrar um **crime de dupla-acção interrompido** (*verkümmertes zweiaktiges Verbrechen* – supra § 6).

§ 12 De harmonia com o disposto nos arts. 265º-1 e 13º do CP – preceitos que delimitam o âmbito da extensão teleológica do art. 263º –, as qualificações referidas no parágrafo anterior aplicam-se à **passagem** de moeda depreciada cometida pelo autor da depreciação. Também ela constitui um crime **doloso**, cuja consumação depende, ademais, do particular *animus* de que a moeda venha a entrar em circulação, facto que a converte num **delito de intenção** e **de dupla-acção interrompido** (supra Cap. I §§ 29 e 33). Por fim, quanto à situação de "erro sobre a pessoa ou o objecto", em que o destinatário, ao invés do que pensa o agente, se encontra de boa fé e ignora tratar-se de moeda depreciada, afigura-se de aplicar a solução defendida, supra, Cap. I § 34 s.

§ 13 Nos termos da aludida extensão teleológica do art. 263º, a **colocação em circulação** de moeda depreciada integra um crime **doloso**, que não admite a punição a título de negligência (arts. 265º-1 e 13º do CP). Tal dolo não tem de existir desde o momento em que o agente procede à depreciação da moeda e, assim, de encontrar-se numa linha de continuidade temporal com a "intenção" de a pôr em circulação, que caracteriza aquele último delito: mesmo que, à época da depreciação, não pretenda colocar a moeda em circulação como "intacta", o agente preencherá o tipo em apreço se, mais tarde, mudar de opinião e cometer actos que conduzam a esse resultado (supra Cap. I § 46).

Ao contrário dos crimes de "depreciação" e de "passagem", a colocação em circulação de moeda depreciada *não* integra um delito de intenção (supra Cap. I § 47). À hipótese de "erro sobre a pessoa ou o objecto", em que o agente ignora a má fé do destinatário da moeda, aplica-se a posição avançada, supra, Cap. I § 48.

c) Formas especiais do crime

§ 14 Na órbita da **depreciação** do valor de moeda de metal nobre, quanto às matérias da *tentativa*, do *concurso de crimes* e da *comparticipação* vigora, com as necessárias adaptações, tudo o que se referiu supra Cap. I §§ 24 a 26. A propósito dos efeitos da *desistência da tentativa de passagem* ou *de colocação em circulação* da moeda depreciada *sobre o prévio crime de depreciação*, quando realizado pelo mesmo agente, cf. infra § 15 s.

§ 15 No tocante ao delito de **passagem** de moeda depreciada, acerca das situações de *tentativa*, de *concurso de crimes* e de *comparticipação*, vale, em tese geral, o que se assinalou supra Cap. I §§ 36-38. No presente contexto, sublinhe-se a irrelevância da "tentativa de passagem" para a determinação da pena *abstracta* aplicável ao agente (supra Cap. I § 36) e, de outra parte, o que se afirmou a propósito dos efeitos da "desistência da tentativa" de passagem sobre o prévio delito de contrafacção, que, *mutatis mutandis*, também se aplica à hipótese de depreciação de moeda metálica (supra Cap. I § 37).

§ 16 Por fim, na esfera da **colocação em circulação** de moeda depreciada, o regime da *tentativa* e da *comparticipação* subordina-se, no essencial, ao que ficou descrito supra Cap. I § 49 ss. À semelhança do que se observou no parágrafo precedente, também aqui se afigura irrelevante a "tentativa de colocação em circulação" para a determinação da pena *abstracta* aplicável (supra Cap. I § 49); por outro lado, a "desistência da tentativa" de colocação em circulação de moeda depreciada exclui a punição do delito de depreciação previamente consumado pelo mesmo agente (supra Cap. I § 50).

Quanto ao *concurso de crimes*, vale o exposto supra Cap. I § 51 s.; a propósito das relações entre os tipos legais da "colocação em circulação de moeda depreciada" e da "burla", *sempre que a moeda possua um valor de mercado superior ao respectivo valor facial* (hipótese que, tratando-se de moeda de "metal nobre", se apresentará mais comum do que nos restantes casos), aplica-se a solução avançada, supra, Cap. I § 52 *in fine*.

C. Referência ao nº 2 do art. 263º

§ 17 Nos termos da extensão teleológica de que foi objecto (supra § 5), o nº 2 do art. 263º contempla, não só a "contrafacção" de moeda de *metal nobre* em que as peças falsas possuam um valor intrínseco *igual* ou *superior* ao da moeda verdadeira, mas ainda as subsequentes "passagem" ou "colocação em circulação" *quando (e só quando) realizadas pelo mesmo autor daquele primeiro delito.* No confronto com o nº 1 do art. 262º, a única diferença reside no valor da moeda contrafeita em relação à correspondente moeda legítima (supra § 3).

§ 18 Já se salientou que, dentro da lógica que subjaz aos sistemas monetários contemporâneos, a presente disposição (tal como a do nº 1 do art. 263º) **não tem razão de existir**. Dada a sua consagração na lei, a interpretação mais correcta parece consistir na restrição do respectivo âmbito de aplicação aos casos em que o produto da falsificação se traduz em moeda de *metal nobre* com valor igual ou superior ao da moeda legítima (supra § 4).

§ 19 Pondo de lado os aspectos mencionados nos parágrafos precedentes, os crimes de "contrafacção", "passagem" e "colocação em circulação" de moeda falsa previstos no nº 2 do art. 263º assumem uma configuração idêntica à dos seus homónimos do nº 1 do art. 262º. A propósito de cada um deles vale, por isso, tudo o que se afirmou, supra, Cap. I §§ 18-52.

À semelhança do que se escreveu, supra, § 16 *in fine*, sublinhe-se tão-só que, no tocante às relações entre os tipos legais da "colocação em circulação de moeda falsa" e da "burla", sempre que a moeda possua um *valor de mercado superior, tanto ao respectivo valor facial, como ao valor do metal nobre nela incorporado*, se aplica o regime descrito, supra, Cap. I § 52 *in fine*. Por outras palavras: quando esteja em causa um valor "extra-monetário", depara-se com uma situação de *concurso real* entre os crimes de "colocação em circulação de moeda falsa" e de "burla", desde que se encontrem preenchidos todos os requisitos do último delito.

D. Breve menção ao nº 3 do art. 263º

§ 20 O nº 3 do art. 263º estabelece que a **tentativa** de qualquer dos crimes previstos nos nºs 1 e 2 do mesmo preceito *é sempre punível*. Por referência ao regime geral do art. 23º, nº 1, do CP, trata-se de um alargamento do âmbito da figura, que constitui, aliás, um pressuposto da aplicação, no contexto do art. 263º, da disciplina dos crimes de "contrafacção", "falsificação parcial", "passagem" e "colocação em circulação", constante do Cap. I.

Capítulo III
Passagem de Moeda Falsa de Concerto com o Falsificador (art. 264º do CP*)

§ 1 O preceito corresponde, na essência, ao art. 240º da redacção originária do CP de 1982 e, bem assim, ao art. 292º do ProjPE de 1966 (cf. *Actas 1979* 254-5). As hipóteses nele previstas encontravam regulamentação expressa nos arts. 206º e 208º-3 do CP de 1886.

§ 2 Na parte em que remete para os artigos precedentes, o âmbito do art. 264º abrange a "passagem" e a "colocação em circulação" (acerca das últimas, cf., supra, Introdução § 23) de moeda contrafeita ou alterada no valor facial (art. 262º) e, ainda, de moeda de *metal nobre* (supra Cap. I § 3 s.) depreciada ou fabricada ilegalmente (art. 263º), *quando perpetradas por pessoa diversa do autor da falsificação.* Por referência ao art. 265º, a particularidade da *fattispecie* do art. 264º radica no facto de tais condutas serem realizadas de "concerto" com o falsificador. Na definição deste conceito reside, pois, o momento essencial para a demarcação do respectivo campo de aplicação.

* Artigo 264º do CP:

1. Nas penas indicadas nos artigos 262º e 263º incorre quem, concertando se com o agente dos factos neles descritos, passar ou puser em circulação por qualquer modo, incluindo a exposição à venda, as ditas moedas.
2. A tentativa é punível.

§ 3 À primeira vista, dado que envolvem sempre um prévio "acordo" e, portanto, um "concerto" com o falsificador – concretamente, aquele que subjaz à aquisição da moeda (a título oneroso ou gratuito) –, poderia parecer que o presente normativo quase esgota o âmbito dos delitos de "passagem" e de "colocação em circulação" de moeda ilegítima cometidos por pessoa diversa do autor da falsificação, restringindo, de forma substancial, a esfera de previsão do art. 265º. Numa tal acepção, que identifica as noções de **concerto** e de **acordo**, o regime descrito no assinalado art. 265º aplicar-se-ia, tão-só, na hipótese de o agente obter a moeda de um terceiro, que não o próprio falsificador. Atenta a sensível diferença das sanções estabelecidas nos arts. 264º e 265º, semelhante interpretação levaria implicada uma graduação de dois conteúdos de ilícito com base no simples facto de o sujeito activo da infracção receber ou não a moeda das mãos do falsificador, solução de todo incompreensível à luz de qualquer das concepções defendidas acerca do bem jurídico dos crimes em análise (cf. Introdução § 14 ss.).

Posto isto, seguindo a opinião que parece ser a tradicional (cf. BELEZA DOS SANTOS, *RLJ* 64º 418, e LEAL-HENRIQUES / SIMAS SANTOS IV[4] art. 264º 201 s. e art. 265º 206 s.), com o termo "concerto" a lei pretende, apenas, autonomizar os casos em que as actividades de falsificação e de passagem ou colocação em circulação da moeda constituem a realização de um "projecto conjunto", previamente acordado pelos vários intervenientes. Por outras palavras, o art. 264º contempla as situações em que todo o processo que vai da falsificação à passagem e/ou colocação em circulação da moeda ilegítima assume a natureza de uma "empresa comum", traduzindo os contributos dos diversos agentes uma "divisão de trabalho" dirigida à consecução de um único objectivo. Trata-se, pois, de um quadro materialmente análogo ao que preside à figura da "co-autoria", mas que o legislador, a fim de evitar dificuldades ao nível da doutrina da comparticipação, decidiu resolver através de uma tipificação autónoma, subordinando todos os intervenientes à mesma pena *abstracta* – que, consoante a modalidade de falsificação, coincidirá com as dos nºs 1 e 2 do art. 262º ou a do art. 263º (em sentido concordante, MAIA GONÇALVES[18] art. 264º 2).

§ 4 Exceptuado o aspecto referido no parágrafo anterior, os delitos de passagem e de colocação em circulação de moeda ilegítima previstos no art. 264º assumem uma estrutura idêntica à que, de um modo geral, revestem quando cometidos por **pessoa diversa do falsificador**. O correspondente regime jurídico subordina-se, por isso, na medida em que não contrarie as particularidades da situação em apreço, ao exposto, infra, no Cap. IV, a respeito do nº 1 do art. 265º.

§ 5 Um último ponto respeita ao nº 2 do art. 264º, onde se declara que **a tentativa é sempre punível**. A disposição só tem relevo prático quando esteja em causa uma das hipóteses de depreciação ou contrafacção de moeda previstas no art. 263º, significando, nessa parte, um alargamento da disciplina consagrada no nº 1 do art. 23º do CP.

Capítulo IV
Passagem de Moeda Falsa (art. 265º do CP*)

A. Considerações preliminares

§ 1 Salvaguardadas as diferenças relativas ao montante das sanções (entretanto modificadas pela L 97/2001, de 25.VIII), à alteração da redacção da al. *a)* do nº 1 e à eliminação da al. *c)* do nº 1 (estas operadas pelos arts. 2º e 3º da L 39/2016, de19.XII), os nºs 1 e 2 do preceito correspondem aos arts. 241º e 242º da redacção originária do CP de 1982 e, bem assim, aos arts. 291º e 292º do ProjPE de 1966 (*Actas 1979* 255-7).

* Artigo 265º do CP:

1. Quem, por qualquer modo, incluindo exposição à venda, passar ou puser em circulação:
a) Como legítima ou intacta, moeda falsa ou falsificada, fabricada sem autorização legal ou em desrespeito pelas condições em que as autoridades competentes podem emitir moeda; ou
b) Moeda metálica depreciada, pelo seu pleno valor;
c) *(Revogada pelo art. 3º da L 39/2016, de 19 de Setembro)*
é punido, no caso da alínea a), com pena de prisão até 5 anos e, no caso da alínea b), com pena de prisão até um 1 ano ou com pena de multa até 120 dias.
2. Se o agente só tiver conhecimento de que a moeda é falsa ou falsificada depois de a ter recebido, é punido:
a) No caso da alínea a) do número anterior, com prisão até 1 ano ou multa até 240 dias;
b) No caso da alínea b) do número anterior, com pena de multa até 90 dias.
3. No caso da alínea a) do nº 1, a tentativa é punível.

Na órbita do CP de 1886, as matérias aqui reguladas constavam dos arts. 207º e 209º. A já aludida L 97/2001 introduziu o actual nº 3 (cf. infra § 5). Por força da redacção dada pela L 59/2007, de 4.IX, ao art. 11º do CP, a esfera da responsabilidade passou a estender-se às **pessoas colectivas, sociedades civis e associações de facto** (art. 11º, nºs 2 e 5).

B. Análise do nº 1 do art. 265º

§ 2 Em sintonia com a **extensão teleológica** a que se procedeu no tocante aos arts. 262º e 263º (supra Cap. I § 6 ss. e Cap. II § 5), o nº 1 do art. 265º contempla o regime geral dos crimes de "passagem" e de "colocação em circulação" de moeda contrafeita, falsificada (= falsificação *parcial*) ou depreciada, *quando realizados por pessoa diversa do autor das respectivas falsificação ou depreciação*. Do seu âmbito apenas se excluem, por força do disposto no nº 1 do art. 264º, as hipóteses em que a passagem ou a colocação em circulação da moeda ocorra "de concerto" com o próprio falsificador (a tal propósito, cf. supra Cap. III § 3).

§ 3 Por referência a este último aspecto, a questão que, desde logo, se suscita concerne ao **fundamento da sensível desigualdade das molduras penais** estabelecidas nos arts. 264º-1 e 265º-1. De acordo com opinião generalizada, a razão da gravidade acrescida das sanções previstas no primeiro daqueles artigos reside na circunstância de o "concerto" com o falsificador aumentar o perigo de proliferação de moeda falsa e, assim, na maior "ofensividade" da conduta em relação ao bem jurídico (cf. Leal-Henriques / Simas Santos IV[4] art. 265º 207 e, numa perspectiva crítica, Beleza dos Santos, *RLJ* 65º 227).

Semelhante ponto de vista não se afigura procedente. Na verdade, o simples contacto com o falsificador, que acompanha a generalidade dos casos de passagem ou colocação em circulação, confere ao agente um acesso à "fonte" de produção de moeda falsa que, sob o ângulo do perigo de proliferação da última, se apresenta idêntico ao existente nas situações de "concerto". Não pode, por isso, radicar na justificação acima invocada a matriz da diferença ou, pelo menos, da significativa desproporção que se observa entre as molduras penais dos arts. 264º-1 e 265º-1.

O motivo de tal diversidade de regimes parece de reconduzir, antes, a uma ideia já referida no § 3 do Cap. III. Designadamente, ao facto de este preceito contemplar uma situação análoga à da co-autoria e, por conseguinte, levar implicada a responsabilização de todos os intervenientes pela globalidade do processo que vai desde a falsificação ou depreciação da moeda até à correspondente passagem ou colocação em circulação. Nesta extensão da esfera de responsabilidade dos agentes que realizam a passagem ou a colocação em circulação, *quando actuem "concertados" com o falsificador*, radica pois o fundamento da consagração da disciplina mais gravosa constante do nº 1 do art. 264º.

§ 4 Quanto à caracterização dos **tipos objectivo** e **subjectivo** dos delitos de passagem e de colocação em circulação de moeda ilegítima, vale, consoante a "espécie" de falsificação prevista nas als. *a)* e *b)* do nº 1 do art. 265º, o exposto, supra, Cap. I §§ 27-34, 39-48 e 53-56 e Cap. II §§ 9 s. e 12 s. De tudo o que se escreveu a propósito do tipo *objectivo*, apenas se exceptua a posição adoptada no tocante à **exposição à venda** da moeda (supra Cap. I §§ 32, 44 e 56 e Cap. II §§ 9, 10 e 19), que, no âmbito do nº 1 do art. 265º (e, bem assim, do nº 1 do art. 264º), envolve a punição do agente pelos crimes de "passagem" ou "colocação em circulação" a título de **consumação**. Trata-se, sem dúvida, de um alargamento das duas figuras-de-delito, que, de acordo com as regras gerais, só estariam perfeitas com a entrada da moeda na esfera de disponibilidade fáctica do destinatário (supra Cap. I §§ 30, 32, 41-42 e 56).

§ 5 A respeito das chamadas **formas especiais do crime**, também se aplica o exposto, supra, Cap. I §§ 36-38, 49-52 e 56. Sublinhe-se, apenas, que, logo na base das regras gerais, *i. e.*, por força do nº 1 do art. 23º do CP, a **tentativa** só releva quando esteja em causa a hipótese prevista na al. *a)* do nº 1 do art. 265º, única punível com prisão superior a três anos. A partir daqui, não se percebe o motivo da introdução (pela L 97/2001, de 25.VIII) do nº 3 do preceito em análise.

Acresce que, vistas as coisas de outro ângulo, quer dizer, no contexto global da disciplina dos crimes de moeda falsa constante do CP, tal regime não deixa de evidenciar uma crassa incongruência. Dado que o nº 3 do art. 263º estabelece a punibilidade da tentativa de "depreciação" e de "contrafacção" de moeda de *metal nobre, i. e.*, de condutas que, na essência, constituem meros "actos preparatórios" do delito da al. *b)* do nº 1 do art. 265º, parece contraditório que o legislador não haja adoptado idêntica solução no tocante ao último, que consubstancia a efectiva lesão do bem jurídico.

Ainda a propósito da tentativa, saliente-se que, no presente âmbito, não procedem as considerações relativas à sua irrelevância com vista à determinação da pena aplicável (supra Cap. I §§ 36, 49 e 56). Válidas na eventualidade de ser o mesmo o autor da falsificação e da posterior passagem ou colocação em circulação da moeda, elas deixam, por motivos óbvios, de justificar-se quando o agente do primeiro crime não coincida com o de qualquer dos dois últimos.

§ 6 Por fim, quanto ao **concurso de crimes**, refira-se que a passagem ou a colocação em circulação de moeda ilegítima consomem (= consunção *pura*) o prévio delito de aquisição de moeda, previsto no art. 266º. Dado que este só se perfaz quando o agente adquire a moeda com a intenção de a passar ou colocar em circulação (infra Cap. V § 6), o problema não se suscita no âmbito da hipótese do nº 2 do art. 265º.

C. Análise do nº 2 do art. 265º

§ 7 O nº 2 do art. 265º (cuja punição original consistia em multa até 240 dias e a L 97/2001, de 25.VIII, modificou para prisão até um ano ou multa até 240 dias) recobre os casos de passagem ou colocação em circulação de moeda cuja ilegitimidade o agente só conheceu *após* havê-la recebido de outrem (*i. e.*, do falsificador ou de terceiro) *como legítima*. Trata-se, portanto, de uma situação que, não obstante preencha os requisitos objectivos e subjectivos das duas mencionadas infracções, escapa à configuração comum dos crimes de moeda falsa. No contexto em apreço, o agente é, ao mesmo tempo, o sujeito passivo de um prévio delito de "colocação em circulação" de moeda ilegítima. Com isso, a sua conduta adquire um sentido adicional: para além da lesão do bem jurídico da integridade do sistema monetário, depara-se com um comportamento que se dirige, em primeira linha, a evitar o prejuízo patrimonial derivado da recepção da moeda falsificada, transferindo-o para a esfera jurídica de outra pessoa (*i. e.*, do destinatário de boa fé que venha a aceitá-la).

Apesar da identidade observável entre o dano patrimonial do agente e aquele que provoca no destinatário da moeda, dado que o primeiro já se encontra consumado, a situação não se mostra recondutível aos quadros do estado de necessidade desculpante previsto no nº 2 do art. 35º do CP. Aliás, embora não se conteste o paralelismo das duas hipóteses, importa sublinhar que a questão em apreço não contende com a problemática da culpa.

Na verdade, a passagem ou a colocação em circulação da moeda surgem na sequência de uma anterior "vitimização" do agente e, assim, consubstanciam, mais do que um atentado primacialmente dirigido contra a integridade do sistema monetário, uma tentativa de atenuar os efeitos que da prévia lesão do mesmo bem jurídico decorreram para o seu património. Tal circunstância importa uma diminuição sensível do desvalor objectivo, *i. e.*, do próprio conteúdo de ilícito da conduta, condicionando a cominação de uma pena abstracta menos grave do que a consagrada para os demais casos de passagem e de colocação em circulação de moeda contrafeita, falsificada (= falsificação *parcial*) ou depreciada, previstos no nº 1 do art. 265º.

§ 8 Referiu-se que o decisivo fundamento do regime estabelecido no preceito em análise radica no facto de o comportamento se dirigir, em primeira linha, a evitar o prejuízo patrimonial decorrente de uma anterior recepção de moeda ilegítima. Sempre que esteja ausente um tal prejuízo deixa, por isso, de verificar-se o específico conteúdo de ilícito ínsito ao nº 2 do art. 265º. Do respectivo âmbito de aplicação excluem-se, pois, as situações em que o agente tenha adquirido a moeda a título **gratuito**, hipóteses relativamente às quais vigora o regime geral do nº 1 do art. 265º

§ 9 Na órbita do nº 2 do art. 265º, a **tentativa** *nunca* é punível. Quanto ao resto, vale a disciplina comum do nº 1 do mesmo art. 265º.

Capítulo V
Aquisição de Moeda Falsa para ser posta em Circulação (art. 266º do CP*)

A. Considerações preliminares

§ 1 O presente normativo corresponde ao art. 243º da redacção originária do CP de 1982 e ao art. 293º do ProjPE de 1966 (*Actas 1979* 257-9). Na órbita do CP de 1886, algumas das situações aqui previstas estavam reguladas no respectivo art. 210º. A L 97/2001, de 25.VIII, alargou a previsão do corpo do nº 1 às actividades de "transporte" ou "exportação" de moeda e, de outra parte, estabeleceu a punibilidade da "tentativa", introduzindo o actual nº 2 do preceito. Por sua vez, os

* Artigo 266º do CP:

1. Quem adquirir, receber em depósito, transportar, exportar, importar ou por outro modo introduzir em território português, para si ou para outra pessoa, com intenção de, por qualquer meio, incluindo a exposição à venda, a passar ou pôr em circulação:
a) Como legítima ou intacta, moeda falsa ou falsificada, fabricada sem autorização legal ou em desrespeito pelas condições em que as autoridades competentes podem emitir moeda; ou
b) Moeda metálica depreciada, pelo seu pleno valor;
c) *(Revogada pelo art. 3º da L 39/2016, de 19 de Setembro)*

é punido, no caso da alínea a), com pena de prisão até 5 anos ou com pena de multa e, no caso da alínea b), com pena de prisão até 6 meses ou com pena de multa até 60 dias.

2. A tentativa é punível.

arts. 2º e 3º da L 39/2016, de 19.XII, além de revogarem a al. *c)* do nº 1 (que se referia a moeda metálica contrafeita com o mesmo ou maior valor do que a legítima), elevaram o limite máximo da pena aplicável aos casos da alínea *a)* do nº 1 de três (3) para cinco (5) anos de prisão. Devido à redacção dada aos nºs 2 e 5 do art. 11º do CP, a L 59/2007, de 4.IX, alargou a esfera da responsabilidade às **pessoas colectivas, sociedades civis e associações de facto**.

§ 2 Por referência aos crimes de passagem ou de colocação em circulação de moeda ilegítima previstos no art. 265º e, de um modo geral, tendo em vista o momento da lesão do bem jurídico (supra Cap. I § 41), a aquisição da moeda constitui, na substância, um mero "acto preparatório". A importância dos interesses em causa motivou, porém, que, à semelhança do que sucede com as actividades de contrafacção, falsificação parcial e depreciação, o legislador a tipificasse como um delito autónomo.

B. Tipo objectivo de ilícito

§ 3. Quanto ao bem jurídico, trata-se de um crime de **perigo abstracto**, cuja punição não se encontra subordinada à prova de que, no caso concreto, ocorreu o risco efectivo da entrada em circulação da moeda. Por outro lado, depara-se com um delito **material** ou **de resultado**, dependendo a sua consumação da verificação do "evento" consistente na entrada da moeda ilegítima na esfera de disponibilidade fáctica do agente. Por fim, a infracção integra um **crime de dupla-acção interrompido** (*verkümmertes zweiaktiges Verbrechen* (BINDING) – cf., supra, Introdução § 21).

§ 4 No que toca à conduta, está-se em face de um delito de **execução livre** ou **não-vinculada**. A seu respeito, a lei não estabelece particulares exigências, bastando que a acção satisfaça os requisitos gerais da chamada imputação objectiva para produzir o aludido evento da entrada da moeda na esfera de disponibilidade fáctica do agente. Aliás, com as expressões "adquirir", "receber em depósito" e "transportar, exportar, importar ou por outro modo introduzir em território português", o legislador não só recobre todas as formas de acesso (a título oneroso ou gratuito) à disponibilidade fáctica sobre a moeda, mas também procede a uma caracterização dessa mesma disponibilidade fáctica, pressuposta na consumação do crime do art. 266º (supra § 3). A tal propósito, em função das expressões acima transcritas, afigura-se que, longe de exigir uma efectiva "detenção", aquela disponibilidade se esgota na verificação de um mero "domínio fáctico" sobre o destino da moeda, enquanto momento do processo global dirigido à sua colocação em circulação (*v. g.*, o domínio fáctico durante o "transporte" da moeda). A circunstância de a perfeição do delito se bastar com o "recebimento em depósito" ou, melhor ainda, com o simples acto de que resulte, *por qualquer modo*, a "introdução no território português" da moeda ilegítima parece confirmar a interpretação exposta.

§ 5 No parágrafo anterior já se assinalou que se está perante um crime de execução não vinculada, que se consuma independentemente da via (onerosa ou gratuita) por que ocorra o acesso à moeda. Posto isto, seguindo a opinião dominante, entende-se que, além das hipóteses de compra, mútuo ou doação, se observa o preenchimento do art. 266º nos casos em que o agente adquira a moeda ilegítima através de condutas em princípio recondutíveis a outros tipos legais de crime (*v. g.*, furto, roubo ou burla); o mesmo se diga da apropriação de moeda ilegítima entretanto abandonada (sobre os pontos focados, S / S / STERNBERG-LIEBEN[30] § 146 15 e MARQUES BORGES, *Dos Crimes de Falsificação de Documentos, Moedas, Pesos e Medidas* 1984 140).

C. Tipo subjectivo de ilícito

§ 6 A aquisição de moeda falsa prevista no art. 266º constitui um **crime doloso**, que não admite a punição a título de negligência (cf. art. 13º do CP). Por outro lado, na medida em que à sua prática tem de subjazer o *animus* de que a moeda venha a ser objecto de "passagem" ou "colocação em circulação" (aí incluído o *animus* de "exposição à venda"), trata-se igualmente de um **delito de intenção**. Acresce que, conforme se assinalou, esta qualificação se traduz, do ângulo do tipo objectivo, no facto de a presente infracção integrar um **crime de dupla-acção interrompido** (*verkümmertes zweiaktiges Verbrechen* – supra § 3).

D. Formas especiais do crime

§ 7 Nos termos do nº 2 do art. 266º (introduzido pela L 97/2001, de 25.VIII), a **tentativa** de aquisição de moeda falsa é sempre punível.

§ 8 No âmbito da **comparticipação** não ocorrem desvios à disciplina comum do art. 26º ss.

§ 9 Quanto ao **concurso de crimes**, valem as regras gerais. Já se assinalou a relação de *consunção pura* observável entre a aquisição e, de outra parte, as posteriores passagem ou colocação em circulação da moeda ilegítima, em que qualquer das últimas consome a primeira infracção (supra Cap. IV § 6).

Capítulo VI
Títulos Equiparados a Moeda (art. 267º do CP*)

A. Considerações preliminares: a justificação do preceito e os bens jurídicos que lhe estão subjacentes

§ 1 O presente normativo corresponde ao art. 244º da redacção originária do CP de 1982. Pondo de lado as diferenças formais, por referência ao conteúdo daquele último, a Reforma de 1995 (DL 48/95, de 15.III) apenas acrescentou a tipificação constante da actual al. *c)* do nº 1, relativa aos cartões de garantia e de crédito. O regime em vigor revela-se substancialmente mais amplo do que o constante do CP de 1886, onde só se incriminavam as condutas respeitantes à falsificação de títulos da dívida pública (arts. 206º, §§ 1º e 2º, 207º e 210º). Por sua vez, em virtude da redacção dada aos nºs 2 e 5 do art. 11º do CP, a L 59/2007, de 4.IX,

* Artigo 267º do CP:

1. Para efeitos do disposto nos artigos 262º a 266º, são equiparados a moeda:

a) Os títulos de crédito nacionais e estrangeiros constantes, por força de lei, de um tipo de papel e de impressão especialmente destinados a garanti los contra o perigo de imitações e que, pela sua natureza e finalidade, não possam, só por si, deixar de incorporar um valor patrimonial;

b) Os bilhetes ou fracções da lotaria nacional; e

c) Os cartões de garantia ou de crédito.

2. O disposto no número anterior não abrange a falsificação relativamente a elementos a cuja garantia e identificação especialmente se não destine o uso do papel ou da impressão.

alargou a esfera da responsabilidade às **pessoas colectivas, sociedades civis e associações de facto**.

§ 2 De modo análogo ao que acontece noutras legislações, o artigo pretende contemplar sectores do comércio jurídico que, sob o prisma dos interesses em jogo, se aproximam do sistema monetário oficial. A adopção da mesma técnica legislativa importa que, também aqui, se esteja perante "bens jurídicos instrumentais" ou "de perigo", aplicando-se, com as necessárias adaptações, tudo o que tal propósito se escreveu no contexto da análise dos crimes de moeda falsa (supra, Introdução § 14 ss. esp. 15). Tendo em vista as situações enunciadas nas als. *a)* a *c)* do nº 1 do art. 267º, afigura-se, pois, de reconduzir os correspondentes bens jurídicos à integridade ou intangibilidade dos sistemas dos "títulos de crédito", da "lotaria nacional" e dos "cartões de garantia ou de crédito".

À semelhança do que sucede a respeito dos delitos de moeda falsa, a doutrina tradicional assimila, implícita ou explicitamente, o objecto de protecção dos crimes previstos no art. 267º às ideias da "confiança ou fé pública" naqueles sistemas e/ou da "funcionalidade" dos mesmos (cf. Beleza dos Santos, *RLJ* 65º 210, Leal-Henriques / Simas Santos IV[4] art. 267º 222 ss., e, na literatura alemã, S / S / Sternberg-Lieben[30] § 151 1, Fischer[66] § 151 2 e Stein, *SK*[9] *Vor* § 146 4, 6 e 8). Razões idênticas às que se enunciaram no âmbito do estudo do regime da falsificação de moeda condicionam, porém, a improcedência dessas concepções e, conforme se referiu, justificam a recondução dos bens jurídicos em apreço à própria integridade ou intangibilidade de cada um dos três mencionados sistemas (supra, Introdução § 14 s.).

§ 3 A remissão do art. 267º para os arts. 262º a 266º importa que, no presente âmbito, vigore tudo o que se assinalou a propósito dos respectivos crimes, supra, nos Caps. I a V – em particular, no tocante à "extensão teleológica" dos arts. 262º e 263º (supra Cap. I §§ 7-16 e Cap. II § 5) e, por outro lado, à exigência da "semelhança" entre as peças falsificadas e as legítimas, como pressuposto da consumação de qualquer dos delitos em análise (supra Introdução §§ 17-19). Quanto a este último requisito, sublinhe-se, tão-só, a diferente configuração que pode assumir na esfera da al. *c)* do nº 1 do art. 267º (infra § 17).

§ 4 Em sintonia com o exposto, dado que as situações previstas no art. 267º se subordinam ao regime geral os arts. 262º a 266º, atrás analisado, nos parágrafos subsequentes apenas se referem as peculiaridades respeitantes aos títulos de crédito, aos bilhetes ou fracções da lotaria nacional e aos cartões de garantia ou de crédito.

B. Títulos de crédito

§ 5 A al. *a)* do nº 1 do art. 267º consubstancia uma especialização por referência à disciplina geral da "falsificação de documentos", consagrada no art. 256º. Naquela primeira incriminação abrangem-se os "títulos de crédito nacionais e estrangeiros constantes, por força de lei, de um tipo de papel e de impressão especialmente destinados a garanti-los contra o perigo de imitações e que, pela sua natureza e finalidade, não possam, só por si, deixar de incorporar um valor patrimonial". Em conformidade, nem todos os títulos de crédito cabem no âmbito de protecção da norma, devendo, para o efeito, verificar-se o preenchimento de certos requisitos:

a) Em primeiro lugar, o título de crédito pode ser **nacional ou estrangeiro** e, ao contrário do que sucedia na vigência do CP de 1886 (arts. 206º, § 1º, 207º e 210º), assumir natureza **pública ou privada**.

b) Depois, tem de constar, por força de lei, não só de um **tipo de papel**, mas também de uma **impressão** destinados a impedir ou, pelo menos, dificultar as respectivas contrafacção ou falsificação parcial. Trata-se de um pressuposto cuja introdução ocorreu por influência do § 151 do *StGB* alemão e que exige a verificação *cumulativa* dos dois aludidos elementos (*i. e.*, de um especial tipo de papel *e* de impressão), determinando a falta de um deles o não preenchimento do tipo legal da al. *a)* do nº 1 do art. 267º (de modo análogo, a propósito do § 151 do *StGB* alemão, por todos, S / S / STERNBERG-LIEBEN[30] § 151 2 ss. e STEIN, *SK*[9] § 151 3). Atenta a própria intenção que subjaz à sua consagração, o presente requisito suscita algumas reservas (infra § 6).

c) Por fim, o título de crédito tem de integrar, por si só, um **valor patrimonial intrínseco** (traduzido numa quantia certa ou numa fracção / percentagem de um montante global a determinar

– *v. g.*, a participação nos lucros de uma empresa). Do âmbito da al. *a)* do nº 1 do art. 267º excluem-se, pois, as letras, as livranças e os cheques, aí incluídos os chamados "cheques visados", uma vez que o respectivo valor não constitui um seu elemento intrínseco, resultando das inscrições que nele são apostas pelo titular da conta e pelo banco emissor (contra, MARQUES BORGES, *Dos Crimes de Falsificação de Documentos, Moedas, Pesos e Medidas* 1984 146-7).

§ 6 Conforme se referiu, a exigência de que o título de crédito conste, cumulativamente, de um "tipo de papel" e de uma "forma de impressão" destinados a garanti-lo contra o perigo de imitações suscita algumas reservas. Com efeito, as particularidades respeitantes ao tipo de papel podem consistir, por exemplo, na própria qualidade do mesmo, na existência de marcas-de-água ou, ainda, na entremeação de filamentos (por todos, STEIN, *SK*[9] § 151 3). Em rigor, aquele pressuposto já não se encontra preenchido quando o título de crédito apenas incorpore uma "trama" aposta sobre papel que, no tocante à textura, não possua nenhum elemento que o distinga das espécies correntes. E todavia, a esse expediente se resume, em muitos casos, a pretendida garantia contra o perigo de imitações. Por outras palavras, ao mesmo tempo que retira grande parte do alcance prático da al. *a)* do nº 1 do art. 267º, o mencionado duplo-requisito acaba por perverter a própria teleologia do preceito.

Na verdade, o objectivo da disposição consiste na tutela do comércio jurídico dos títulos de crédito que, pelo facto de incorporarem, em si mesmos, um valor patrimonial, contendem com interesses análogos aos que subjazem ao sistema monetário e, portanto, justificam uma protecção idêntica à conferida ao último. Contudo, o fácil acesso a modernas tecnologias de reprodução computadorizada ou por simples fotocópia faz com que os tipos de papel e de impressão já não integrem, na actualidade, garantias especiais contra imitações e, nessa medida, elementos definidores de um domínio merecedor de uma tutela diferenciada, por referência aos demais títulos de crédito que incorporem um valor patrimonial. Tudo parece aconselhar, por isso, uma revisão da disciplina em vigor, que passe pela substituição do mencionado critério do tipo de papel e de impressão por outro mais ajustado às exigências da vida moderna.

§ 7 Ainda relacionado com o disposto na al. *a)* do nº 1, o nº 2 do art. 267º estabelece que aquela incriminação **não** abrange a falsificação de elementos a cuja especial garantia não se destine o uso do particular tipo de papel ou de impressão. Trata-se de situações que integram falsificações *parciais* de títulos de crédito e, nos termos do citado nº 2 do art. 267º, ficam subordinadas ao regime geral da "falsificação de documentos" (art. 256º ss. – cf., por todos, LEAL-HENRIQUES / SIMAS SANTOS IV[4] art. 267º 223). Por motivos óbvios, à disciplina em apreço aplicam-se as reservas enunciadas, no parágrafo precedente, quanto à consagração do tipo de papel e de impressão como elemento definidor do âmbito do delito.

§ 8 Por fim, a **consumação** de qualquer dos crimes relacionados com a falsificação de títulos de crédito (= contrafacção, falsificação parcial, aquisição, passagem ou colocação em circulação) depende do preenchimento do requisito da **semelhança** entre a "peça" falsa e a verdadeira, nos mesmos moldes referidos a propósito dos crimes de moeda falsa (supra Introdução § 17 ss.). Posto isto, apenas se exige que o título de crédito falsificado se mostre susceptível de ser tomado como legítimo no tráfego corrente. A falta de tal pressuposto implica, consoante o crime em apreço, a punição do agente nos termos assinalados, supra, Introdução § 19, Cap. I § 20 e Cap. II §§ 8-10.

C. Bilhetes ou fracções da lotaria nacional

§ 9 A al. *b)* do nº 1 do art. 267º equipara à falsificação de moeda a falsificação de bilhetes ou fracções da lotaria nacional, cuja organização se encontra atribuída, em regime de monopólio, à Santa Casa da Misericórdia de Lisboa. Ao contrário do que sucede no tocante à moeda e aos títulos de crédito, a nossa lei **não** dispensa uma idêntica tutela às congéneres estrangeiras.

§ 10 Por força do exposto no corpo do nº 1 do art. 267º, no presente âmbito aplica-se a disciplina do art. 262º ss., podendo falar-se dos crimes de contrafacção, falsificação parcial e, bem assim, de aquisição, passagem e colocação em circulação de bilhetes ou fracções de lotaria falsos. Na parte correspondente, semelhante regime substituiu o DL 24.902, de 10.I.1935 (art. 9º), onde se previa a punição das lotarias falsas.

§ 11 Dado que se reporta a todo o nº 1, não se restringindo a nenhuma das suas alíneas, o nº 2 do mesmo art. 267º também parece abranger, ao menos em teoria, os bilhetes e fracções da lotaria nacional. Na prática, atento o facto de que os últimos não constam de um especial tipo de papel, afigura-se que o aludido nº 2 do art. 267º acaba, todavia, por não ter aplicação no âmbito em apreço. Aliás, já se enunciaram, em tese geral, algumas reservas à consagração do critério do "tipo de papel e de impressão" como elemento definidor da esfera de previsão do art. 267º (supra §§ 6-7).

D. Cartões de garantia e de crédito. Breve referência aos cartões de despesa (*charge cards*) e aos cartões de débito

§ 12 Como a própria designação indica, *cartões de garantia* ou, mais correctamente, **cartões de garantia de cheques** são aqueles que, apresentados em simultâneo com um cheque bancário, corresponsabilizam a entidade emissora pela dívida e, nessa medida, "garantem" (= caucionam) o pagamento da soma em causa; o exemplo mais comum radicava no conhecido "cartão eurocheque", entretanto caído em desuso. Ao invés, o **cartão de crédito** constitui, por si só, um meio de adquirir bens ou serviços, traduzindo-se a particularidade do seu funcionamento na circunstância de a liquidação da dívida ser directamente assegurada pelo emissor, que depois obtém do titular o correspondente reembolso, nas modalidades "a pronto" ou "por prestações", esta última mediante o pagamento de juros. Para efeitos jurídico-criminais, no conceito de cartão de crédito cabem, ainda, os **cartões de despesa** (= *charge cards*), categoria cuja peculiaridade reside no facto de não contemplar quaisquer limites máximos de endividamento, nem admitir o pagamento escalonado em prestações; apenas autonomizado por razões de *marketing* financeiro (*i. e.*, tendo em vista o elevado estatuto económico da clientela a que se destina), trata-se de um genuíno cartão de crédito, como tal abrangido pela *fattispecie* da al. *c)* do nº 1 do art. 267º (cf., por todos, Joana Vasconcelos, *RDES* 1992 329 ss. e 346 s., e Damião da Cunha, *Com. Conimb. CP* II, art. 225º § 7).

Fora do âmbito de previsão da norma encontram-se os chamados **cartões de débito**, categoria que inclui o vulgar "cartão multibanco". Estes funcionam *on line*, sem a intermediação de um terceiro no processo de pagamento (*v. g.*, de uma instituição de crédito), envolvendo as operações de compra com eles efectuadas a subtracção *imediata* dos montantes na conta bancária do titular. Por isso, as suas falsificação e subsequente utilização consubstanciam, respectivamente, a preparação e a execução de um atentado *directo* ao património do titular do cartão de débito, reconduzível ao tipo legal do furto (art. 203º ss. – cf. A. M. Almeida Costa, *Com. Conimb. CP* II, art. 221º §§ 13, 17 e 22, e esp. Id., *A Burla no Código Penal Português* 2020 Cap. V §§ 8 e 13). Em conformidade, o sistema dos cartões de débito acaba por não revestir, em si mesmo, a "densidade" de um entreposto que justifique a correspondente assunção como um bem jurídico "instrumental" ou "de perigo" (Introdução § 15 s.), merecedor de uma protecção autónoma em relação ao património da vítima. Daí a sua exclusão da esfera de tutela do art. 267º.

§ 13 Na parte em que remete para os arts. 262º a 266º, a al. *c)* do nº 1 do art. 267º comporta a incriminação da contrafacção e da falsificação parcial de cartões de garantia ou de crédito e, bem assim, das suas posteriores aquisição, passagem e colocação em circulação. Enquanto momento essencial que envolve a lesão do bem jurídico, aquela última assume, contudo, uma particular configuração na órbita dos cartões de garantia e de crédito, coincidindo com o momento da respectiva utilização. Por outras palavras, a "colocação em circulação" de um cartão de garantia ou de crédito *falso* consiste no correspondente emprego numa transacção de bens ou serviços. A compreensão do específico modo como funcionam os mencionados cartões afigura-se, por isso, crucial para a caracterização do delito.

§ 14 Quanto aos **cartões de crédito**, a sua utilização pode, desde logo, ocorrer através de um terminal de pagamento electrónico – o chamado terminal POS (*point of sale*). Nesse contexto, há que conferir especial relevo à natureza *automática* de todo o processo que vai da passagem do cartão no terminal POS à recepção dos elementos emitidos (= montante da operação, referência da casa comercial e da respectiva conta bancária, identificação do cartão de crédito e da correspondente conta bancária) na central informática e, depois, continua com a ordem de lançamento do valor da operação na conta bancária do comerciante (dentro do prazo estabelecido) e com a ordem de lançamento do débito na conta bancária do titular do cartão de crédito (no prazo acordado com a entidade emissora). Na verdade, o cariz totalmente automatizado deste processo informático, onde não se verifica, de permeio, qualquer intervenção humana de índole decisória, faz com que se tenha de reconduzir a "entrada em circulação" do cartão de crédito à passagem da respectiva banda magnética no terminal POS, momento que marca o início do pagamento por via electrónica. Caso se trate de um cartão falso, tal conduta integra, por isso, a *consumação* do crime de colocação em circulação de cartão de crédito falsificado, punível nos termos do art. 265º ou, quando o agente seja o mesmo da falsificação, do art. 262º (supra Cap. I §§ 7-16). Por outras palavras, a consumação do delito observa-se com a simples "aceitação" do cartão pelo sistema e, portanto, com o facto de a sua passagem no terminal POS desencadear o processo electrónico-informático de pagamento atrás descrito.

Com as necessárias adaptações, o que se afirma valia, no passado, para as hipóteses em que o estabelecimento comercial possuía, não um terminal POS, mas uma "máquina manual" de pagamento através de cartão de crédito. Com efeito, os dados constantes dos verbetes resultantes da passagem do cartão naquele dispositivo manual (que coincidiam com os elementos comunicados directamente à central informática pelo terminal POS) eram introduzidos no sistema por leitura óptica, sem a intervenção, de permeio, de qualquer controlo humano. Em conformidade, deparava-se com um processo que, apesar das diferenças, revestia a mesma natureza automática que se assinalou a propósito dos modernos terminais POS, circunstância que permitia, ainda nesses casos, assimilar a consumação do delito de colocação em circulação de cartão de crédito falso ao momento da sua "passagem" na máquina manual.

§ 15 Em face do exposto, a execução do crime de "colocação em circulação" (= utilização) de cartão de crédito falsificado pode assumir **duas modalidades** fundamentais. A primeira consiste na apresentação, pelo agente, de um cartão falso ao sujeito passivo (*v. g.*, ao empregado de um estabelecimento comercial) que, na convicção errónea da sua legitimidade, o passa no terminal POS. Mas pode suceder – e será esta a segunda forma de execução do crime – que, por força de um conluio com a pessoa autorizada a operar com o terminal POS, *não* se verifique, entre a conduta do agente (= apresentação do cartão de crédito) e o desencadear do processo "automático" de pagamento (= passagem do cartão no dispositivo em causa), a intervenção de qualquer sujeito passivo em estado de erro acerca da veracidade do cartão de crédito, observada na hipótese anterior. (O que vem de assinalar-se e, bem assim, os desenvolvimentos dos parágrafos subsequentes aplicavam-se, com as necessárias adaptações, aos casos em que a utilização de cartões de crédito ocorria, não através de terminais POS, mas recorrendo às velhas "máquinas manuais").

§ 16 A distinção que vem de assinalar-se repercute-se, a dois níveis, na disciplina da falsificação de cartão de crédito. Concretamente, no que concerne ao requisito da **semelhança**, enquanto pressuposto da consumação dos delitos em análise e, por outro lado, no tocante à disciplina do **concurso aparente**, **legal** ou **de normas**, em particular quanto às relações entre os tipos da "falsificação de cartão de crédito" e da "burla".

§ 17 Assim, já se verificou (supra § 3) que a subordinação da matéria em apreço ao mesmo regime da falsificação de moeda parece implicar, como requisito da consumação de qualquer dos crimes de falsificação de cartão de crédito (= contrafacção, falsificação parcial, aquisição, passagem ou colocação em circulação), o facto de as "peças" falsificadas apresentarem um grau de "semelhança" com as verdadeiras susceptível de ludibriar o estrato "menos exigente" das pessoas que operam com cartões de crédito (sobre o caso paralelo da moeda falsificada, supra, Introdução § 17 ss.). A simples circunstância de a execução do delito de colocação em circulação de cartão de crédito falso poder assentar num conluio com o indivíduo encarregado de funcionar com o terminal POS (supra § 15) importa, contudo, uma alteração do sentido a atribuir àquele critério da "semelhança".

Na verdade, o desencadear do processo electrónico-informático de pagamento nada tem a ver com a configuração externa do cartão de crédito, apenas dependendo da passagem da respectiva banda magnética no dispositivo de leitura. De outra parte, no momento em que se procede ao fabrico do cartão falsificado, não está excluída a possibilidade de a sua utilização vir a ocorrer de conluio com o operador do terminal. Posto isto, o momento essencial, que confere ao cartão de crédito falso a potencialidade de desencadear o processo de pagamento e, assim, de lesar o bem jurídico da "integridade ou intangibilidade do sistema dos cartões de crédito" (supra § 2), resume-se à gravação, numa banda magnética, de elementos que a tornem susceptível de ser utilizada num terminal POS. A esta "qualidade", independente de quaisquer parecenças exteriores entre o cartão falso e o verdadeiro, tem pois de reconduzir-se o requisito da "semelhança" na órbita da presente matéria. Enquanto pressuposto da *consumação* dos delitos de contrafacção, falsificação parcial, aquisição, passagem e colocação em circulação de cartão de crédito, o aludido pressuposto da "semelhança" esgota-se, portanto, na pura exigência de que se esteja em face de uma banda magnética *falsa* capaz de desencadear um processo electrónico-informático de pagamento.

§ 18 O segundo aspecto em que se reflecte a assinalada diferença quanto ao modo de execução do crime de colocação em circulação de cartão de crédito falsificado prende-se com a matéria do concurso aparente, legal ou de normas (supra § 15 s.). Na verdade, consoante o sujeito passivo se encontre (ou não) em estado de erro acerca da legitimidade do cartão apresentado a pagamento, assim a conduta do agente preenche, além da al. *c)* do nº 1 do art. 267º, o tipo clássico da *burla* (arts. 217º e 218º) ou, pelo contrário, da *burla informática* (art. 221º). Em qualquer das hipóteses, depara-se com uma situação de *consunção pura*, em que, por razões análogas às indicadas, supra, no Cap. I § 52, o tipo legal da colocação em circulação de cartão de crédito esgota o âmbito de tutela conferido à situação, afastando, consoante os casos, a incriminação a título de burla ou de burla informática.

§ 19 As considerações desenvolvidas nos §§ 14-18 **não se aplicavam ao cartão de garantia,** entretanto caído em **desuso**. A sua utilização traduzia-se na respectiva apresentação juntamente com o cheque cujo pagamento assegurava, limitando-se o estabelecimento comercial a confrontar as assinaturas e a anotar o número do cartão. Por isso mesmo, não ocorria o condicionalismo que justifica, a propósito dos cartões de crédito, a alteração do sentido atribuído ao requisito da "semelhança" (supra § 17). No presente domínio vigorava um critério idêntico ao que se avançou no tocante à moeda falsa, dependendo a consumação dos delitos de contrafacção, falsificação parcial, aquisição, passagem e colocação em circulação de cartão de garantia da verificação do pressuposto de que as "peças" falsificadas evidenciassem um grau de semelhança *exterior* com as verdadeiras susceptível de ludibriar o estrato "menos exigente" das pessoas que operavam nesta área (supra Introdução § 17 ss.).

E. As formas especiais do crime

§ 20 Salvaguardadas as particularidades referidas nos parágrafos precedentes, quanto à *tentativa,* ao *concurso de crimes* e à *comparticipação* aplica-se, relativamente aos delitos previstos no art. 267º, a disciplina descrita nos capítulos anteriores, respeitantes aos arts. 262º a 266º do CP.